上海市哲学社会科学规划中青班专项课题"马克思正义理论及其当代价值研究"（课题批准号2018FZX007）成果

马克思恩格斯正义论及其当代价值研究

宫维明 著

武汉大学出版社

WUHAN UNIVERSITY PRESS

图书在版编目（CIP）数据

马克思恩格斯正义论及其当代价值研究／宫维明著 . -- 武汉 ：
武汉大学出版社，2025.3（2025.7 重印）. -- ISBN 978-7-307-24844-1

Ⅰ. A811.64

中国国家版本馆 CIP 数据核字第 2025FP5232 号

责任编辑:沈继侠　　　责任校对:汪欣怡　　　整体设计:马　佳

出版发行：**武汉大学出版社**　（430072　武昌　珞珈山）

（电子邮箱：cbs22@whu.edu.cn　网址：www.wdp.com.cn）

印刷:武汉邮科印务有限公司

开本:720×1000　1/16　印张:12.25　字数:182 千字　插页:1

版次:2025 年 3 月第 1 版　　2025 年 7 月第 2 次印刷

ISBN 978-7-307-24844-1　　定价:58.00 元

前　言

　　正义是否属于马克思恩格斯用来批判资本主义的理论武器？对于分析马克思主义者来说，这是一个难以定夺的问题，围绕这一问题的论争最终形成了两大派别：一派是"挑起事端"的"马克思主义非正义论"派，主要以艾伦·伍德（Allen W. Wood）、罗伯特·塔克（Robert Tucker）和艾伦·布坎南（Allen Buchanan）等人为代表，他们以马克思恩格斯多次在著作中明确反对使用正义概念来谴责资本主义为由，断定马克思恩格斯是拒斥正义的；另一派是"针锋相对"的"马克思主义正义论"派，主要以齐亚德·胡萨米（Ziyad Husami）、柯亨（G. A. Cohen）和罗德尼·佩弗（R. G. Peffer）等人为代表，他们认为马克思恩格斯对于正义的批判主要是针对其阶级局限性，而非全盘否定正义这个概念本身，倡导全面理解马克思主义正义观。"马克思主义正义论"派和"马克思主义非正义论"派自 20 世纪 70 年代开始展开激烈论战，其中最具代表性和富有研究价值的当数艾伦·伍德与齐亚德·胡萨米之间展开的辩论。艾伦·伍德是最早一批提出"马克思主义非正义论"的分析马克思主义者，他在承袭罗伯特·塔克相关论述的基础上于 1972 年发表《马克思对正义的批判》（*The Marxian Critique of Justice*）一文，正式拉开分析马克思主义者有关马克思恩格斯正义论的论争序幕。而齐亚德·胡萨米作为坚定的"马克思主义正义论"者，专门撰写《马克思论分配正义》（*Marx on Distributive Justice*）一文来批驳艾伦·伍德的相关论述，并随即掀起了一股"保卫"马克思恩格斯正义论的热潮。对于艾伦·伍德与齐亚德·胡萨米所开启的这场论争，罗德尼·佩弗言简意赅地总结道："所以那种马克思并未以不正义来谴责资本主义或以正义来赞扬社会主义的总体观点，以及与此相关的(隐含的)认为马克思主义者如果这么做就是背离原则的那些主张，就逐渐被公认为是'塔克-伍德命题'。"①显而易见，深入了解"塔克-伍德命题"的"来龙去脉"及其论争焦点对于深入把握马克思恩格斯正义论则具有极为重要的理论价值。

从时间线上来看，罗伯特·塔克是最早讨论马克思恩格斯对于正义这一概念真实态度的代表性学者。他在《马克思主义革命观》(1970年)一书中主张马克思并未立足于诉求正义的政治立场来对资本主义展开批判，并按照自己的理解将马克思这么做的理由总结为："总而言之，何为公平和公正的唯一适用的标准是现存经济制度固有的标准。每一种生产方式有其自己的分配方式和有其自己的公平方式，从某种其他的观点对其作出评价是毫无意义的。"②在罗伯特·塔克看来，不可否认的事实是，马克思恩格斯的著作中对于资本主义生产方式的严厉谴责随处可见，这种旗帜鲜明的政治态度会让读者下意识地认定他们是出于诉求正义而为劳苦大众"大声疾呼"的。然而，只要深入研读马克思恩格斯著作中涉及正义这一概念的相关论述，就会发现他们用来批判资本主义的"武器库"中压根没有正义这一概念的"容身之地"。罗伯特·塔克对于这种倾向作了自己的分析：马克思恩格斯之所以拒绝使用正义这一概念来批判资本主义，是因为在他们看来，使用被具体的社会生产方式所决定的观念上层建筑来否定经济基础本身在逻辑上是荒谬的。也就是说，特定社会形态中所通行的主流正义观是由该社会的生产方式所派生出来的，那么公平、平等和正义这些概念在逻辑上自然就不可能反过来用作批判这种经济制度的理论武器。一言以蔽之，罗伯特·塔克的核心观点是，要把马克思恩格斯严厉谴责资本主义的基本立场和马克思恩格斯拒绝使用正义这一概念来批判资本主义的具体做法区分开来。

---

① R. G. 佩弗著：《马克思主义、道德与社会正义》，吕梁山等译，高等教育出版社2010年版，第340页。

② 罗伯特·查尔斯·塔克著：《马克思主义革命观》，高岸起译，人民出版社2012年版，第69页。

在这之后，艾伦·伍德则主要以马克思恩格斯的著作为文本依据，对罗伯特·塔克的上述观点作出更为详尽的阐释，他首先提道："然而，一旦深入马克思和恩格斯著作中有关资本主义之不正义的详细描述时，我们便会立刻发现，在他们的著作里，不仅根本没有打算论证资本主义的不正义，甚至没有明确声称资本主义是不正义或不平等的，或资本主义侵犯了任何人的权利。"①不难看出，艾伦·伍德只是在阅读马克思恩格斯有关正义的相关论述后就"匆忙"得出结论，认定马克思恩格斯从未想过借助正义这一概念来批判资本主义对于广大劳动者合法权利的侵犯。在艾伦·伍德看来，马克思恩格斯觉得运用正义来批判资本主义是毫无意义的，因为这一概念的内涵和外延都是由资本主义生产方式所决定的。正义的政治功能就是为资产阶级的统治利益作辩护，而不可能用于为劳苦大众争取应有权益，教条式地运用这一概念只会起到论证资本主义社会合法性的反面作用。换而言之，艾伦·伍德认为，马克思恩格斯认定正义本身就是一个存在明显限度的观念上层建筑，而非神圣不可侵犯的永恒价值，他们在激发工人阶级抗争意识的过程中不会使用这种本身存在逻辑限度困境的概念去声张值得追求的本真生活。

综上可见，"塔克-伍德命题"的确把握到了马克思恩格斯正义论的部分精髓，但在总体上还是存在着较大误解。就"塔克-伍德命题"的积极作用而言，它较为准确地呈现出马克思恩格斯对于正义使用限度的反复强调，就如艾伦·伍德所说："马克思对正义的批判可以视为一种努力，旨在澄清正义概念在社会生活中的功能，防止它在意识形态上遭到滥用。"②也就是说，对于马克思而言，资本主义社会中所通行的正义概念在本质上属于被资本主义生产方式所决定的观念上层建筑，它在社会生活中的功能就是为统治阶级的利益做合法性辩护，但却被人们

①　李惠斌、李义天编：《马克思与正义理论》，中国人民大学出版社 2010 年版，第 3 页。

②　李惠斌、李义天编：《马克思与正义理论》，中国人民大学出版社 2010 年版，第 4 页。

错当成评判社会基本制度的纯粹价值标准。当然，之所以存在这种普遍性的正义误读，其实是资产阶级在刻意掩饰正义所赖以存在的经济基础后，再对其进行"神秘化"和"神圣化"的精心包装所造成的负面认识。艾伦·伍德在此基础上还进一步总结了马克思恩格斯剖析正义的基本思路，他这么说道："对于这种法权观点及其相应的权利和正义概念，只有在社会生活其他因素与它们的恰当联系中看待它们，并在现行的生产方式中把握它们的作用时，才能得到合理的理解。"①在艾伦·伍德看来，马克思恩格斯的社会政治视域中是有正义这一概念的，但他们基于正义被给予的特定功能对其使用范围作了严格限定，也就是只把它当作一个法权性概念，而不是把它视为可以评判一切社会制度的终极规范。艾伦·伍德觉得马克思恩格斯就此认定，既然正义就是一种法权概念，那么它自然就不可能具有所谓的永恒性和普遍性。正义这一概念归根结底不过是特定生产方式之下的政治产物，它在社会生活中的具体应用不可能脱离其赖以生存的经济基础。

就"塔克-伍德命题"的负面影响而言，它错误地把马克思恩格斯对于正义的限定和拒斥曲解为马克思恩格斯已经默认了资本主义制度的正义性。齐亚德·胡萨米对于"塔克-伍德命题"的这一错误倾向作出了强有力的驳斥："当然，塔克和伍德承认，马克思把资本主义视为一种剥削制度，但他们归给马克思的观点却是，资本主义的剥削并不意味着资本主义的不正义。"②在齐亚德·胡萨米看来，马克思从未说过资本主义的剥削是正当合理的，他只是拒绝使用正义这个口号式的意识形态概念来加以批判而已。也就是说，马克思确实反对使用正义这一概念来谴责资本主义的剥削制度，但这并不代表他认为剥削是合理而无须受到任何指责的，只是他认为被资本主义生产方式所派生的正义观念不可能反过来批判这一既定制度。

---

① 李惠斌、李义天编：《马克思与正义理论》，中国人民大学出版社 2010 年版，第 13 页。

② 李惠斌、李义天编：《马克思与正义理论》，中国人民大学出版社 2010 年版，第 43 页。

　　对于"塔克-伍德命题"的错误之处，齐亚德·胡萨米还进一步指出："他们的问题在于，他们以为马克思只是把规范同生产方式联系在一起，可事实上，马克思还把规范同生产方式内部的各个社会阶级联系在了一起。"①在齐亚德·胡萨米看来，马克思坚持认为正义不可能用于评判派生它的生产方式，但并未否定正义具有和特定生产方式下的阶级相关联的现实性。具体来说，虽然和资本主义生产方式联系在一起的正义规范没法反过来作为反驳论据，但这是针对在生产方式中占据统治地位的资产阶级而言的。至于在这种生产方式中处于被统治地位的劳苦大众，他们应该享有，而且事实上也能够享有属于他们的正义概念。这种概念自然不是资本主义生产方式的派生物，而是和未来的社会主义生产方式相对应的，这就使其具备了批判资本主义社会非正义性的可能。有鉴于此，齐亚德·胡萨米总结道："社会的分配方式可以由一个不同于主流（或占统治地位的）正义标准的标准来衡量。被剥削阶级，如无产阶级，就形成了一种不同于资产阶级标准的正义概念，并对现行的生产资料分配和收入分配予以否定性评价。……因此，在马克思的表述中，无产阶级及其代言人运用无产阶级的正义标准批判资本主义的分配活动，这是有效的。"②也就是说，马克思认为正义是一种具有阶级性的概念，它在表现形式上可以做到为不同阶级利益"代言"的多元化呈现。一个社会中的主流正义观在一般情况下自然是代表统治阶级利益的，但这并不意味着被统治阶级不会有自己的专属正义标准。换而言之，资本主义社会中既有"贵为"统治阶级意识形态的资产阶级式正义观，也有与之相对立和相抗衡的无产阶级式正义观。它们的本质区别就在于，前者只为少数占据生产和分配特权的资产阶级群体服务，并因此而丧失了反过来批判资本主义制度的逻辑底蕴；而后者则立足于维护劳苦大众的切身利益，自然也就具备了批判任何侵犯广大劳动者利益的制度的现实可

①　李惠斌、李义天编：《马克思与正义理论》，中国人民大学出版社2010年版，第51页。

②　李惠斌、李义天编：《马克思与正义理论》，中国人民大学出版社2010年版，第47页。

能。齐亚德·胡萨米进一步畅想道："如果只是因为缺乏现实或制度的前提而无法实现规范，这并不会使这些规范变得无意义。马克思的自我实现、人道主义、共同体、自由、平等和正义等观念只是在资本主义社会中缺乏制度前提，它们却没有因此毫无意义。"①对于马克思恩格斯来说，正义作为一种美德式规范受到其所在的社会经济环境的决定性影响，而整个社会只要清除了桎梏经济发展的制度性因素就可以确保正义发挥其应有的积极作用。资本主义社会中的正义概念之所以缺乏约束剥削和压榨的规范性，就是因为其在资本主义生产方式之下只能从理想性的政治诉求沦为虚幻性的空谈。但这并不意味着正义这一概念本身没有意义，它在社会主义生产方式下自然能够获得应有的道德规范价值。

　　综上所述，从"塔克-伍德命题"之争可以看出，马克思恩格斯对待资本主义的批判态度自然是毋庸置疑的，但他们拒绝将正义视作批判资本主义的有效理论武器。当然，这并不代表马克思恩格斯彻底否定了正义这一概念的存在必要性，他们对正义理论的建构有着明确的范围限定和依循逻辑。在马克思恩格斯看来，正义自身具有明确的历史性和阶级性，属于被社会经济基础(尤其是其中所包含的生产方式)所决定的观念上层建筑，它只会反映在生产关系中占据统治地位的阶级的自身利益。因此，任何脱离现实社会生产方式的空谈式正义都不具有道德规范的作用，就如国内某位学者所说："实际上，马克思关于正义问题的讨论只能是通过批判'国民经济学'完成，这是由他的理论任务所规定的。不是用公平、正义的政治法律概念解释分配关系，而是用生产关系来解释分配关系，用生产劳动解释生产关系，用经济基础解释上层建筑。这是马克思正义理论的基本逻辑。"②也就是说，有些分析马克思主义者把马克思恩格斯对于正义的相关论述错判成是对正义的全盘否定，却未看出这一理论已然掀起了正义论发展史上的"哥

---

① 李惠斌、李义天编：《马克思与正义理论》，中国人民大学出版社 2010 年版，第 52 页。

② 王新生：《马克思正义理论的四重辩护》，载《中国社会科学》2014 年第 4 期，第 26~44，204~205 页。

白尼式革命"。在马克思恩格斯正义论的体系中，正义不再是只能"供人仰望"的虚幻愿景，而是发轫于现实经济生活的政治规范。资本主义生产方式下的正义理念自然不能反过来对其"母体"展开有效批判，但经过生产方式变革后的社会主义式正义则因为代表广大劳动者的切身利益而具备了批判各种非正义社会现象的功能。总之，一种社会形态正义与否的关键不在于其是否主张口号式的政治权利，而是要看其所确立的生产方式是否能够反映普罗大众的根本利益，只有废除少数特权阶级占据社会生产、分配和消费特权的社会制度才能确保全体民众享有真正的正义生活。

目　　录

第一章　马克思恩格斯正义论的建构逻辑

马克思恩格斯对于正义的理解和运用经历了一个长期的发展过程，他们建构正义理论所依循的逻辑呈现出一种从肯定到否定再到否定之否定的辩证否定式的进路转换。就马克思恩格正义理论的萌发阶段而言，处于青少年时期的马克思恩格斯在西欧整体人文环境的耳濡目染下，自然而然地培养出对于正义的"赋魅式认同"，正义对于他们而言就是神圣不可侵犯的永恒真理；就马克思恩格斯正义论的厘清阶段而言，初登社会舞台的马克思恩格斯高擎正义理念、毫不畏惧地批判了各种非正义现象，但他们在和这些社会丑恶现象展开理论斗争的过程中屡遭挫折，痛定思痛之下开始转而对正义的神圣性和永恒性进行"祛魅式反思"；就马克思恩格斯正义论的重塑阶段而言，思想日臻成熟的马克思恩格斯在全面考察欧洲工人运动实际状况的基础上更新升级了自身的理论体系，最终依据唯物史观和剩余价值理论对正义展开了既发挥其积极作用，又克服其消极影响的"返魅式扬弃"。

第一节　马克思恩格斯正义论萌发期对正义的
"赋魅式认同"

19 世纪初期的西欧各国在经历过文艺复兴尤其是启蒙运动的精神洗礼后，整体的政治氛围和道德风尚都发生了较为明显的变化，自由、平等、正义等理念开始深入人心并逐渐在普罗大众中传播开来。自此，向往正义乃至实现正义成了广大民众追求美好生活的重要象征，这种精神对于尚未踏入社会的广大青少年来说自然是极具吸引力的。青少年时期的马克思恩格斯在这种社会环境以及学校和家庭教育的耳濡目染下，自然而然地萌发出早期较为朴素的正义观，也就是在心智尚未健全的状态下一接触到有关正义这一理念的正面宣传后就被其深深折服，从而未经审慎思量就将正义赋予不可侵犯的神圣信仰，并将其作为自身的行动指南。就这样，在青少年时期的马克思恩格斯的心目中，唯有高举正义的旗帜才能维护国家、社会和个人的自由和发展，为了维护和践行正义这一理念而牺牲自我也是在所不惜的。

一、少年马克思恩格斯对于正义精神的虔诚信仰

少年马克思恩格斯对于正义的绝对肯定从他们早期的作品中就可见一斑，此时的马克思恩格斯在家庭和学校的启蒙教育下，慢慢地从懵懂孩童逐渐成长为拥有较强自我意识的热血少年，他们开始运用所学知识来理解和把握周边的世界。每当看到社会生活中和所接受教育相冲突的丑恶现象，马克思恩格斯自然而然地就萌发出要与其作战的斗志，但作为身单力薄的青少年，他们所能想到的唯一抗争方式就是通过书写文字来"宣泄"这种朴素的正义感。具体来说，少年马克思恩格斯开始在学习之余尝试撰写大量表达个人情感的诗歌，这些涉及内容极为广泛的文字虽然稍显稚嫩，但却难能可贵地表达出两人炽热的人文情怀。马克思中学毕业前曾在《两个王室子女》这首诗中借"王子"之口直抒胸臆："我必须投身于火热的生活，去伸张正义，除暴安良。"[①]马克思在这首诗中自喻为一个即将远赴异国他乡的自由骑士，临别之前向心上人坦诉衷肠，即便有万般不舍，也不能因为儿女情长而放弃践行正义精神的远方召唤。显然，对于生活充满热忱、饱含人文情怀的马克思痛恨各类有辱正义原则的不良现象，并发誓将铲除这些罪恶作为自己的人生使命，哪怕是为此牺牲个人的生活幸福也无所顾虑。不久之后，马克思又在《老人》这首作品中借诗明志："为正义而奔赴战场，勇敢地同入侵者较量，

---

① 《马克思恩格斯全集》(第1卷)，人民出版社1995年版，第873页。

把枷锁一扫而光。"①在这个热血少年的心目中，只有维护国家的安全和稳定才能给生活在其中的个人提供一个自由发展的环境。因此，为了保卫国家安全和民众自由而投身沙场、抵御外侮是个人的应尽责任，属于响应正义召唤的荣耀之举。国家中的每一个人在面对外敌入侵时都应该挺身而出，要不惜一切代价消除侵略者所造成的枷锁。少年马克思其实清醒地知道在面对黑暗时伸张正义会给自己带来怎样的"后果"，但在正义理念的感召之下，他还是激情澎湃地写出这些文字来表明自己的决心。当然，诗歌这种体裁所承载的内容主要源自作者充沛情感的集中迸发，不太牵涉逻辑缜密的理性思考。因此，少年马克思对于正义精神的坚定信仰还有待于他日后发表的更加成熟和理性的作品来加以验证。

就在中学毕业前，马克思还在《青年在选择职业时的考虑》这篇作文中进一步彰显出自己"先天下之忧而忧、后天下之乐而乐"的伟大志向，他这样说道："如果我们选择了最能为人类而工作的职业……我们的幸福将属于千百万人，我们的事业将悄然无声地存在下去，但是它会永远发挥作用，而面对我们的骨灰，高尚的人们将洒下热泪。"②为人类幸福而工作是少年马克思在中学毕业前所立下的远大志向，而他之所以有如此崇高的觉悟显然离不开正义精神的熏陶和引领。众所周知，在现实社会中践行正义原则不可能是只要空喊几句口号就可以轻易成功的，而是需要每一个坚信正义的人为此付出一定程度上的代价和牺牲。因此，少年马克思这段感人肺腑的文字之所以在日后得到世人的广泛传播，其中的重要原因就在于他用不可辩驳的个人经历证明，自己绝对不是为了沽名钓誉刻意表露自己的心声，而是切切实实地在工作和生活中将这一充满正义精神的志向当成贯穿一生的行动宗旨。

差不多在同一时期，少年恩格斯也在《横遭威逼但又奇迹般地得救的圣经，或信仰的胜利》这首讽刺叙事诗中表达了献身正义事业的坚定决心，面对"渎神者"的种种罪恶行径，他义愤填膺地大声呵斥，"我熟悉你的伎俩！……你们总是

---

① 《马克思恩格斯全集》(第 1 卷)，人民出版社 1995 年版，第 883 页。
② 《马克思恩格斯全集》(第 1 卷)，人民出版社 1995 年版，第 459～460 页。

渴求把正义者的鲜血吸吮"①。恩格斯极为钦佩那些勇于和社会黑暗势力作斗争的正义人士，同时也为他们的"流血牺牲"而感到悲愤，并由此抒发出自己希求壮大正义事业的坚定意志。恩格斯对于正义精神的信仰很大程度上源自他自幼就持有的"悲天悯人"的人文情怀，虽然他出生于一个从不需要为物质生活而殚精竭虑的富商家庭，但他却能毫不犹豫地超越自己的阶级视野，将同情的目光洒向在贫困线上苦苦挣扎的劳苦大众并时常为此而感到愤懑。在这种心境下，恩格斯自然而然地接受了正义这一理念并将其用作为广大民众发声的重要口号，他曾在《伍珀河谷来信》中这样谴责道，"下层等级，特别是伍珀河谷的工厂工人，普遍处于可怕的贫困境地……但是大腹便便的厂主们是满不在乎的"②。恩格斯在目睹"血汗工厂"里工人的悲惨境遇后，对于有产阶级毫不关心劳苦大众的态度感到震惊，也想不明白为什么这种社会生活中的非正义现象居然长期得不到任何纠正。正义感十足的恩格斯坚决地站了出来，通过发表大量新闻稿件来为劳苦大众鸣不平，并且不惜为此和自己所属的有产阶层发生彻底决裂，转而为无产阶级的解放事业摇旗呐喊。

综上可见，少年时期的马克思恩格斯正值血气方刚之年，对于美好生活充满着热情和期待。他们极度鄙视而且毫不畏惧社会生活中的一切丑恶现象，任何能够与之相抗争的理念都理所当然地成为他们所采纳的批判武器，而正义作为社会上得到广大民众普遍认可的理念自然也就成为马克思恩格斯的"心仪"对象。这一时期的马克思恩格斯尽管没有对正义这一理念进行过深入研究，但并没有影响他们在早期作品中将其用作评判各类社会不公现象的首要价值标准，并且在一定程度上起到了良好的效果。少年马克思恩格斯公开发表的这些作品在社会上有小范围的传播，这种正向反馈促使他们所树立的、为正义精神而战的信念越发坚定。当然，不得不承认的是，因受限于知识储备和实践经验的不足，少年马克思恩格斯对正义的理解仅仅停留在概念表面，未能深入探究其本质，他们此时对于正义

---

① 《马克思恩格斯全集》（第2卷），人民出版社2005年版，第501页。
② 《马克思恩格斯全集》（第2卷），人民出版社2005年版，第44~45页。

的理解和运用其实完全属于一种非理性层面的"赋魅式认同"。这么做的好处就是让他们在正义精神的推动下勇往直前，但不足之处显然就在于，现实生活中的斗争很快就会让他们意识到，仅凭一腔热情以及高喊几句人文口号是不可能在根本上改变各类社会不公现象的。

二、青年马克思恩格斯对于正义原则的积极应用

结束学业后初涉社会的青年马克思恩格斯高举正义的旗帜，将其用作批判各类社会丑恶现象的必备武器。怀揣改变世界的伟大梦想，青年马克思恩格斯立志要在现实生活中和各种非正义现象展开斗争。但囿于各种实际条件，他们的主要斗争方式只能是通过在报纸上发表各种批判时政的文章，为劳苦大众争取符合正义原则的各项应得权利。

（一）青年马克思在《莱茵报》时期对于正义原则的赞颂

就青年马克思而言，他在《莱茵报》担任编辑时多次在文章中公开赞颂正义。这些新闻稿件既展现了马克思在运用正义原则和社会不公现象做理论斗争时的论辩才华，又凸显了马克思积极应用正义原则对抗社会不公现象的坚定信念。这一时期的马克思主要在三篇文章中积极应用了正义原则。第一篇是《关于林木盗窃法的辩论》，马克思在这篇稿件中极力为贫困民众"脱罪"，并坚定地声称："世界不会因此而毁灭，国家也不会因此而脱离阳光照耀的正义大道。"[①]不难看出，此时对于法律还抱有坚定信心的马克思在这场辩护中充满了理想主义色彩，自认为可以通过既定的法律条文来为劳苦大众伸张正义。作为法律专业科班出身的高材生，他在娴熟运用法律知识和辩护技巧的基础上主张不能因民众拾捡枯树枝就加以定罪，因为这一"无心之举"充其量不过就是"影响"了林木所有者所宣称的私人利益，但绝对不可能导致整个国家偏离被正义理念所庇护的康庄大道。在马克思看来，作为正义象征的法律一定要能保障劳苦大众的合法权利，绝不能只为

---

① 《马克思恩格斯全集》(第 1 卷)，人民出版社 1995 年版，第 282 页。

有产阶级固守私人利益而服务，更不能沦为有产阶级用来压迫和掠夺底层阶级的"称手"工具。只有这样，整个国家才能在法律的保障下公平公正地对待每一个个体，才能在社会中推进真正的符合正义原则的生活。

这一时期的第二篇文章是《历史法学派的哲学宣言》。马克思在这篇文章中批判了"贵为"历史法学派创始人的胡果，因为后者为了宣扬历史学派的观点大肆攻击了一些神圣的事物。对此，马克思明确表明了自己的态度，"胡果亵渎了在正义的、有道德的和政治的人看来是神圣的一切"①。从这一评价中不难看出，马克思发自内心地拥护纯粹的正义和道德，自然而然地要和在现实生活中损害这些理念的观点做理论斗争。在马克思看来，胡果这个总是满足于抽象思辨的"书斋"学者不过是为了"颂扬"历史法学派的论断，就非常不理智地否认了包括所有制、国家制度和婚姻在内的诸多实存事物的合理性，这种论调不仅在理性上经不起推敲，而且还对有正义感和道德感的人造成了情感上的亵渎。

最后一篇是《评奥格斯堡〈总汇报〉论普鲁士等级委员会的文章》。马克思在这篇文章中提醒道："为自己的家园而奋斗的讲求功利的智力，跟不顾自己的家园为正义事业而斗争的自由的智力当然是不同的。"②马克思认为要把只考虑自身利益的功利性智力和为追求正义而奋斗的自由性智力区分开来：前者只注重利用自己的理性规避一切损害自身利益的事情，其中自然也会包括因维护正义而付出的个人代价。虽然这种行为保护了个人利益，但因过于功利而损害了正义原则；后者则是将正义事业看成自己的奋斗目标，并且想方设法地运用理性尽可能地维护正义，哪怕在这一过程中损害了自己的个人利益也在所不惜。借助对两种智力的对比分析，马克思热情歌颂了不惜牺牲小我成就大业的正义精神。

(二)青年恩格斯呼吁改变工人阶级的非正义生存境遇

在马克思为推进正义原则在生活中的应用而奋笔疾书的同时，正义感十足的

---

① 《马克思恩格斯全集》(第 1 卷)，人民出版社 1995 年版，第 231 页。
② 《马克思恩格斯全集》(第 1 卷)，人民出版社 1995 年版，第 339 页。

青年恩格斯在亲身调研英国"血汗工厂"的基础上积攒了大量真实的一手资料，并为如实反映工人阶级的悲惨境遇撰写了《英国工人阶级状况》一书，他无比痛心地指出："但是，谈到广大工人群众，他们的穷困和生活无保障的情况现在至少和过去一样严重。"①在恩格斯看来，尽管资本主义社会因提升生产力水平而前所未有地增加了整个社会的财富总量，但对于工人阶级而言，他们并未从自己所创造的劳动产品中获取应得收益。相反，广大工人在完成沉重的体力劳动之后只能换回勉强维持生存的基本工资，他们的相对贫困状况丝毫没有得到改善。这种社会现象显然是有违正义原则的，辛勤劳作的劳苦大众并未获得他们应得的经济报酬，他们并没有通过自己的劳动而发家致富，反倒是拉大了和资产阶级之间的经济差距。恩格斯还在这本书中有理有据地揭露了资本家的某些虚伪行径，尤其是他们所鼓吹的那些关爱工人的举措，"所有这些对正义和仁爱的让步，事实上只是一种手段"②。在恩格斯看来，资产阶级所标榜的"让步"可不是什么"良心发现"，他们绝不可能主动地去改善工人阶级的工作环境和生活待遇。资产阶级有时之所以允许工人联合会以及罢工运动的存在，并非被神圣的正义理念所"打动"，不过是以此为"缓兵之计"来保护自身的经济利益而已。面对社会生活中这种难以调和的劳资矛盾，资产阶级本应该采取"让利于"工人阶级的经济方案来减少冲突，但他们下意识地想到的反而是尽可能地积累自己的个人财富，非要一直拖到罢工爆发才勉为其难地作出一些所谓的让步，然后还标榜这么做是出于正义感和仁爱心。恩格斯觉得这种虚伪的行为和论调在根本上是和正义背道而驰的，因此反复叮嘱广大劳动者不要被这些伎俩所迷惑，而是要联合起来继续组织抗争运动。

既然资产阶级不可能主动"让利于"工人阶级，那么广大劳动者就只能通过构建符合正义原则的制度来"督促"他们这么去做。有鉴于此，恩格斯进一步在《大陆上社会改革的进展》一文中褒扬了试图去维护工人阶级权利的正义性制度，他

① 《马克思恩格斯文集》(第1卷)，人民出版社2009年版，第375页。
② 《马克思恩格斯文集》(第1卷)，人民出版社2009年版，第368页。

旗帜鲜明地宣布："要向他们表明，真正的自由和真正的平等只有在公社制度下才可能实现；要向他们表明，这样的制度是正义所要求的。"①青年恩格斯在此高度肯定了空想社会主义者在英国所推行的消除贫困的社会主义计划，并认为建立在财产共有基础上的公社制度可以切实改变资本主义社会贫富悬殊的非正义现象，从而在广大民众中实现真正的自由和平等。可惜的是，此时的恩格斯因为受限于尚未创立马克思主义理论体系，所以对于空想社会主义者的理论主要采取了学习和继承的态度，还缺乏科学的批判，以至于仅仅用是否正义这一"悬浮"的价值标准来判断一种社会制度的正当性和可行性。

综上可见，青年马克思恩格斯在离开校园步入社会后，在面对各种不公现象时首先想到的就是拿起他们所深信不疑的正义理念作为理论武器，一门心思地通过撰文呼吁正义来谋求社会生活中的平等和公正。不得不说的是，青年马克思恩格斯的这种理论批判充满了理想主义色彩，也是他们在接受正义理念之后面对与之相抵触的社会现象时的情感流露，充分显示了他们决心改变世界的伟大志向。但值得注意的是，初登社会舞台的青年马克思恩格斯在目睹劳苦大众的悲惨境遇后，不假思索地就将推广正义当作革除时弊的济世良策，但在屡遭挫折之后敏锐地发现这样的理论抗争似乎是"软弱无力"的，就如马克思多年后所述："1842—1843年间，我作为《莱茵报》的编辑，第一次遇到要对所谓物质利益发表意见的难事。"②非正义的社会现实就"活生生"地反复呈现在马克思恩格斯的眼前，资产阶级通过残酷地剥削和压榨工人阶级早已挣得"盆满钵满"，但即便如此，他们也丝毫没有"让利于"劳苦大众的心意，而是将实现资本增殖当成终生"奋斗目标"。一旦遇到自身物质利益有可能受损的"风险"，资产阶级就会充分利用统治阶级的身份压制工人阶级所组织的反抗运动。至于来自报纸杂志等媒体针对他们非正义行为的口诛笔伐，完全置正义于不顾的资产阶级更是不会为之所动。青年马克思恩格斯在"发文济世"这种行动屡遭挫折后清醒地意识到，吁求正义的美好理念一

---

① 《马克思恩格斯全集》(第3卷)，人民出版社2002年版，第482页。
② 《马克思恩格斯文集》(第2卷)，人民出版社2009年版，第588页。

旦触碰，统治阶级的私人利益就无法推进，只能沦为"无济于事"的空谈，正义这一概念所内含的神圣性和永恒性在现实生活的考验面前"不堪一击"。可以说，正是在现实生活中运用正义原则所遇到的困境成为引发青年马克思恩格斯日后反思正义的契机。

第二节 马克思恩格斯正义论厘清期对正义的 "祛魅式反思"

自 19 世纪 40 年代中期至 50 年代，马克思恩格斯在广泛参与工人运动的基础上全面检验和重塑自身的理论体系，并以此创立了可以作为工人阶级行动指南的指导思想。至于正义这一概念在体系中的位置，马克思恩格斯还是进行了深入的反思。如前所述，马克思恩格斯在尝试运用正义和社会不公现象作理论斗争时屡屡受挫，这也让他们意识到，脱离现实的抽象概念无论看上去多么令人神往，实际上都不具备改变世界的实践功能，所以有必要对正义这一概念被赋予的名不符实的成分进行祛魅。恩格斯在回忆这段历史时这样说道："我们两人已经深入到政治运动中……我们有义务科学地论证我们的观点。"①当然，也就是在创立马克思主义理论的这一阶段中，完成体系更新的马克思恩格斯意识到他们过往所信奉的正义理念并不具备什么神圣性和永恒性，甚至已经从被普罗大众广泛认可的美好需求沦为被统治阶级用来"粉饰太平"的虚假口号。因此，完全有必要展开对正义这一概念的"祛魅式反思"。

一、马克思恩格斯依据唯物史观祛魅正义

恰逢其时，马克思恩格斯通过共同创作《德意志意识形态》首次系统地阐释了唯物史观，这也为他们厘清原本的正义观提供了科学的世界观和方法论。马克思恩格斯明确指出："因此，道德、宗教、形而上学和其他意识形态，以及与它们

---

① 《马克思恩格斯文集》(第4卷)，人民出版社 2009 年版，第233页。

相适应的意识形式便不再保留独立性的外观了。它们没有历史，没有发展，而发展着自己的物质生产和物质交往的人们，在改变自己的这个现实的同时也改变着自己的思维和思维的产物。"①显然，马克思恩格斯在创建唯物史观的同时准确地把握了祛魅正义的核心方法。

（一）马克思恩格斯对于蒲鲁东、海因岑等人正义观的批判

要想真正理解和把握正义这种意识形态性的概念，就必须要从研究生活在具体的物质生产方式下的个人着手，而不能仅凭想象就赋予正义改变社会现实的历史重任，否则只能沦为毫无实践意义的"夸夸其谈"。在马克思恩格斯看来，正义本质上属于一种高层次社会意识，它是由社会存在所决定的，因此其本身并不具备独立性，更没有什么所谓的神圣性和永恒性可言，大众完全没有必要将其赋魅成评判社会现象的价值标准。马克思恩格斯也反思了自己在青少年时期对于正义的"厚望"，他们总是试图通过在新闻稿件中呼吁正义来改变社会不公现象，然而这一举动从唯物史观的视域来看就是一种脱离现实经济生活的空想，它的底层逻辑就是"一厢情愿"地将一个由现实所决定的概念颠倒为创造现实的理念，那么它在现实面前"溃不成军"自然也就是在所难免了。一言以蔽之，正义是人的思维的产物，归根结底则是决定人的思维的社会物质现实的产物，而这一社会物质现实中最主要的成分就是生产方式这一生产力和生产关系的结合体。

马克思恩格斯不仅依据唯物史观反思了自身正义理论的不实之处，还借此批判了工人阶级队伍中一些有关正义的不实论调。事实证明，广大劳动者对于正义这一概念有着非常高的认同度，他们就像青少年时期的马克思恩格斯一样，未经思考就被正义所吁求的美好场景深深打动，自然而然地就能在这一概念的感召下联合起来反抗资产阶级。因此，当时在工人阶级队伍中流传的社会主义思潮无一不把正义当作核心理念加以宣扬，但却很少有人透过其表象来看穿本质。马克思恩格斯在广泛参与工人运动的过程中敏锐地发现了这一普遍性的问题，并开始着

---

① 《马克思恩格斯文集》（第1卷），人民出版社2009年版，第525页。

手清除其在思想上和行动上所造成的负面影响。

马克思在《哲学的贫困》一书中这样批判道："蒲鲁东先生为我们描绘的那种情景是非常阴暗的。竞争产生贫困，它酿成内战，'改变自然区域'，混合各民族，制造家庭纠纷，败坏公德，'搞乱公平、正义的概念'和道德的概念。"[1]在马克思看来，蒲鲁东因担心竞争会破坏"神圣的"正义事业而极力主张消除竞争的负面影响，却丝毫没有意识到正义本质上是生活在特定生产方式下的人的产物，而不是脱离社会经济环境的超验范畴。因此，蒲鲁东所推崇的正义不过是资产阶级用来维护资本主义生产方式的宣传工具，他反倒将其错当成工人阶级应该追求的理想目标以及评判社会现象的最高标准。然而，蒲鲁东的错误正义观并不是个案，马克思不无遗憾地发现，绝大部分社会主义思潮的倡导者并未掌握唯物史观，他们就像蒲鲁东一样因自身的认知缺陷而无法避开资产阶级所刻意打造的话语陷阱，自然也就无法用历史的和批判的眼光看待自身理论体系中的核心概念。就这样，大批社会主义思潮的传播者因为缺乏唯物史观的科学指导，只能按照自己的理解在工人阶级队伍中宣扬一些被他们误读以及误用的重要理念，其中就包括使用频率极高的正义概念，进而在一定程度上阻碍了社会主义运动的顺利开展。资本主义社会中的正义概念在本质上是由资本主义生产方式所决定的，如果这些知识分子意识不到这一点，当然就会号召工人阶级依据资本主义式的正义原则来制定反对资本主义的行动纲领，其结果自然是可想而知的。

与此同时，恩格斯也在《共产主义者和卡尔·海因岑》一文中表明了自己对于正义的全新态度。面对海因岑对于共产主义者的种种指责，恩格斯作出正面回应，"海因岑先生这句话大概是指共产主义者曾讥笑他那道貌岸然的姿态，并曾嘲讽所有那些神圣高超的思想、操守、正义、道德等等"[2]。正是在这句话中，恩格斯毫不避讳地"承认"了共产主义者确实揶揄过海因岑所称颂的"神圣"正义，并明确表示这种讽刺还会继续保持下去。在众多共产主义者看来，他们对于海因

---

① 《马克思恩格斯文集》（第 1 卷），人民出版社 2009 年版，第 635 页。
② 《马克思恩格斯文集》（第 1 卷），人民出版社 2009 年版，第 669 页。

岑的讽刺确实是有理有据地"指点迷津",而非有违道德地"人身攻击"。海因岑的错误就在于,他所阐释的正义观颠倒了正义和社会之间的归属关系。他四处宣扬正义是构成社会的不可或缺的重要基石,却从来没有意识到正义实质上是特定社会的历史性产物,根本没有什么神圣性和永恒性可言。不止是海因岑一个人,恩格斯发现还有不少"书斋"学者依然沉浸在对于正义的美好想象和虚空构建中,并且容不得他人对此提出任何批评意见。在恩格斯看来,在这些人的认知模式中,正义一方面被演绎成一个可以脱离现实经济环境制约的超验概念,但另一方面又被赋予改变社会现实的重要功能,这在逻辑上显然是自相矛盾的,因为一个被现实所决定的思维范畴是不可能反过来起到决定现实这一颠倒式作用的。换而言之,这些学者从未意识到,他们口中的正义之所以能"承载"为民众所祈求的诸多美好功能,并不是它有什么所谓的神圣性和永恒性,而是它已经被打造成可以贴上任意政治性标签的空心之物。显然,这样的正义概念是没有实践意义的,它只是游离在社会现实之外的空谈,尽管看上去无比美好,但根本经不起现实生活的任何冲击,更不可能承担起指导社会主义运动的历史重任。

(二)马克思恩格斯在《共产党宣言》中对祛魅正义的宣告

在批判蒲鲁东、海因岑等人错误正义观的同时,马克思恩格斯还发现一些宣称共产主义因废除自由、正义等永恒真理而和人类社会发展相抵触的论断开始甚嚣尘上。他们意识到仅仅和部分尚未认清正义本质的"书斋"学者展开辩论是远远不够的,还需要持续深入工人阶级队伍中去传播自身祛魅正义的研究成果。为此,马克思恩格斯特意在《共产党宣言》中用无产阶级的口吻说道:"法律、道德、宗教在他们看来全都是资产阶级偏见,隐藏在这些偏见后面的全都是资产阶级利益。"[①]马克思恩格斯在此其实想表达的是,作为肩负推翻资本主义社会,进而解放全人类历史重任的无产阶级,必须要意识到正义就和法律、道德、宗教一样,根本就不是适合社会所有阶层和所有个体的永恒价值,它们从性质上看不过

---

① 《马克思恩格斯文集》(第 2 卷),人民出版社 2009 年版,第 42 页。

是资产阶级用以维护自身利益的意识形态,是由资本主义生产方式所派生的产物。如果无产阶级不能看透这一点,就必然会陷入资产阶级的话语体系而迷失自己的斗争方向。

与此相对应的是,马克思恩格斯还在《共产党宣言》中列举了资产阶级针对共产主义的一些责难,并反驳道:"你们的观念本身是资产阶级的生产关系和所有制关系的产物,正像你们的法不过是被奉为法律的你们这个阶级的意志一样,而这种意志的内容是由你们这个阶级的物质生活条件来决定的。"①在马克思恩格斯看来,如果广大民众掌握了唯物史观,就能够科学地解释社会意识和社会存在之间的关系。具体来说,任何一种思维观念都不是凭空产生的,它不可能按照个人或阶级的美好愿望而自动具备相应的功能,它真正包含的内容必然属于社会生产方式的特定产物。也就是说,自由、平等、正义、法律等概念在资本主义社会中必然只能由资本主义生产关系所决定,也只能反映在生产关系中拥有把控权的资产阶级的具体意志,自然也只会为资产阶级的利益而辩护。实际上,无产阶级为了改变自身现状所诉诸的应然性正义概念在工人运动中已经悄然被替换成资产阶级所推行的实然性正义概念。这两种概念从形式上看似乎没有什么差别,这也是工人阶级未发现自身所诉求的理念被替换的原因,但是两者所包含的、可在现实生活中加以实现的内容存在着天壤之别。在生产关系中处于被压迫地位的无产阶级尽管赋予了正义很多美好的内涵,但这些诉求无一例外地因"触犯"资产阶级的私人利益而只能沦为空谈。资产阶级同样赋予正义众多貌似饱含人文精神的内涵,但这些被外力所赋予的价值具有很大的欺骗性,因为它们只有在符合资产阶级意志的前提下才具有实现可能。因此,如果无产阶级认识不到这一点,就会将实质上由资产阶级所决定的实然性正义概念用作自身争取权益的应然性正义概念,那么工人运动在现实中"误入歧途"自然就是在所难免了。

在对部分工人阶级和资产阶级有关正义的错误认识进行双重批判后,为了能在最大范围内对正义这一概念进行祛魅,马克思恩格斯最终在《共产党宣言》中明

---

① 《马克思恩格斯文集》(第2卷),人民出版社2009年版,第48页。

确宣告："共产主义革命就是同传统的所有制关系实行最彻底的决裂；毫不奇怪，它在自己的发展进程中要同传统的观念实行最彻底的决裂。"①马克思恩格斯在此旗帜鲜明地向全世界无产阶级宣告，避开生产方式来论证自由、平等、正义等概念本质上属于无视社会经济基础约束的政治空谈，共产主义革命就是要同这种脱离实际的永恒真理观进行决裂，以免这样的言论破坏工人阶级的斗争意志和斗争方向。这种误导性极强的论断总是热衷于为抽象的人类争取所谓的永恒正义，却刻意忽略了真正重要的、从事物质生产实践的具体个人，结果只能是"炮制"出为统治阶级利益辩护的意识形态而不自知。在马克思恩格斯看来，资本主义社会中压根就没有什么永恒的正义，而只有阶级性和历史性的正义，这种正义只是为资产阶级服务的虚假意识形态。归根结底，正义这一概念的本质就是由具体社会形态中的经济基础所决定的观念上层建筑，而不是什么体现所谓永恒真理的超验范畴。

二、马克思恩格斯对于资产阶级正义观的批判

马克思恩格斯在运用唯物史观对正义进行"祛魅式反思"后，又深刻揭露了资产阶级在社会生活中到处鼓吹正义的真实意图，以此既在理论上与错误正义观作坚决斗争，又在实践中向工人阶级广泛传播马克思主义理论。众所周知，自由、平等、正义等理念对于资产阶级推翻封建主义社会起到了举足轻重的理论宣传作用。然而，在资产阶级顺利成为统治阶级之后，他们所"沿用"的这些概念在实质上已经悄然发生变化，它们从为整个人类争取应有权利的人文理念蜕变成只是为资产阶级利益而辩护的宣传工具。马克思恩格斯在广泛参与工人运动的基础上发现，相当一部分工人运动领袖并未意识到这一问题，反而被资产阶级刻意包装后的正义概念所蒙蔽，以至于无法制定真正能够解放工人阶级的行动纲领。

（一）马克思恩格斯对于资产阶级"正义使者"的揭露

马克思在《流亡中的大人物》一文中这样揶揄了陶森瑙这个人，"他愿意为祖

---

① 《马克思恩格斯文集》（第 2 卷），人民出版社 2009 年版，第 52 页。

国牺牲他的正义的愤怒"①，借此辛辣地讽刺了统治阶级中一些动辄以"正义使者"自居的"大人物"，并令人信服地揭露了这些人在卫国战争中谎话连篇、贪生怕死的真实嘴脸。不难看出，正义对于这些"大人物"而言不过是沽名钓誉的工具。一旦民众真的开始追求他们所宣扬的正义原则时，唯恐损失切身利益的这帮特权阶层就会立刻弃正义而不顾，就如马克思所说："每当资产阶级秩序的奴隶和被压迫者起来反对主人的时候，这种秩序的文明和正义就显示出自己的凶残面目。"②显然，正义这一理念在资本主义社会中已经沦为资产阶级用以麻痹被统治阶级、维护自身统治地位的"幌子"，具有极大的虚伪性和欺骗性。为了证明这一点，马克思还特意回顾并总结了 1848 年前后历次欧洲革命运动失败的原因，并认定其中的关键问题就在于，成分混杂的革命队伍所使用的正义口号是被资产阶级所包装过的意识形态，它虽然在鼓舞斗争方面起到了一定程度上的激励作用，但更多的是造成了误导运动前进方向的负面影响。广大民众在资产阶级自由、平等、正义等理念的"感召"下联合作战，在和封建主义作斗争的过程中付出了巨大的代价和牺牲，从而促成了资产阶级革命的阶段性胜利。然而，一旦资本主义政权得以确立，此时民众如果还指望依据正义原则来和资产阶级共同分享革命果实，从而为自身争取应得的政治权利和经济权益时，就会立刻遭到资产阶级"背信弃义"式的反扑和压制。

恩格斯也猛烈批判了资产阶级通过背叛无产阶级来窃取革命胜利果实这一行为，并提醒广大劳动者不要被资产阶级所谓的正义口号所蒙蔽，而是一定要意识到，他们和资产阶级在根本性质和根本利益上是相互对立的，而且这种对立归根结底是不可调和的。事实证明，在欧洲三大工人运动的发展进程中，资产阶级一方面因觊觎封建势力的统治地位而求助于具有坚定革命性的工人阶级，但同时又忌惮工人阶级在力量壮大后会威胁到自己夺权，所以对工人阶级采取了先拉拢后背叛的卑劣手段，致使工人运动遭受重大损失，就如恩格斯所说，"他们要革命，

---

① 《马克思恩格斯全集》(第 11 卷)，人民出版社 1995 年版，第 397 页。
② 《马克思恩格斯文集》(第 3 卷)，人民出版社 2009 年版，第 173~174 页。

但是要靠工人的帮助。资产阶级要让工人为他们火中取栗，让工人为他们的利益而烧坏自己的手指"①。工人阶级被资产阶级视作可以在革命过程中谋求自身利益的斗争工具，但在革命成功之后，资产阶级马上就会千方百计地组织力量来镇压工人阶级运动。

如上所述，残酷的斗争事实反复证明，资产阶级一贯自诩为公平和正义的倡导者和守护者，但只要发现被剥削的劳苦大众试图将正义用作抗争武器时，他们就会迫不及待地撕掉"正义使者"的"外衣"，并以维持秩序为名展开对于工人运动的疯狂压制。对于资产阶级在运用正义概念时所暴露的"自相矛盾"的处理办法，恩格斯曾在《反杜林论》中言简意赅地加以揭示，对于资产阶级来说，"永恒的正义是对暴力的补充"②。暴力是统治阶级用于维护自身特权的重要手段，但也因其残酷性而容易招致被统治阶级的激烈反抗。为了尽可能地减小损失，资产阶级除了运用暴力镇压这一主要手段外，还在工人阶级队伍中大肆传播永恒正义之类的口号，导致广大劳动者在"潜移默化"中将自身在生产过程中所遭受的剥削当成等价交换的公平交易，从而逐渐丧失发动阶级斗争的意识。资产阶级这种通过曲解正义来为自身统治合法性作辩护的手段显然是对暴力镇压的"有效"补充，并且在工人阶级队伍中起到了一定程度上的混淆视听的作用。

(二)马克思恩格斯对于资产阶级刻意美化正义行径的批判

针对资产阶级所刻意宣传的永恒正义观，恩格斯还在《社会主义从空想到科学的发展》一书中展开了进一步批判，他这样说道："现在我们知道，这个理性的王国不过是资产阶级的理想化的王国；永恒的正义在资产阶级的司法中得到实现。"③在恩格斯看来，资产阶级对于自身意识形态的构建和宣传是极具欺骗性的，他们一直在向广大民众鼓吹资本主义式的自由、平等和正义，并声称这些概念是在和封建国家的种种成见作斗争的过程中诞生的，是符合人类前进方向的美

---

① 《马克思恩格斯文集》(第1卷)，人民出版社2009年版，第466页。
② 《马克思恩格斯文集》(第9卷)，人民出版社2009年版，第367页。
③ 《马克思恩格斯文集》(第3卷)，人民出版社2009年版，第524页。

好理念。资产阶级还将资本主义国家描绘成一个理性化的王国，并号称永恒的真理和正义只有在这样的环境中才能得以生存。恩格斯对此毫不留情地加以批驳，所谓的永恒正义不过是资产阶级维护自身统治地位的虚假意识形态而已，它只能存在于脱离民众实际生活的、用资产阶级法律所打造的虚幻王国中，其主要功能就是用于削弱劳苦大众的抗争意识。这样的正义概念当然只能代表资产阶级的切身利益，而和劳苦大众的真实需求相对立，一旦脱离资产阶级法律的"背书"和庇护就立刻会被广大民众所抛弃，又怎么可能具有所谓的永恒性和神圣性。

　　恩格斯主要是从唯物史观的角度揭露资产阶级宣扬正义观的真实意图，马克思则进一步从政治经济学的角度来批驳国民经济学家所鼓吹的正义理念。国民经济学家的理论在工人阶级队伍中也是有一定影响力的，但是这些"书斋"学者对于资本主义社会的研究更多的是从论证资本正当性的角度出发的，这对于劳苦大众搞明白自身的经济困境以及寻求解决办法没有任何帮助。针对国民经济学家所阐释的正义观，马克思在《资本论》中针锋相对地指出："但是在温和的政治经济学中，从来就是田园诗占统治地位。正义和'劳动'自古以来就是惟一的致富手段，自然，'当前这一年'总是例外。"①马克思在列举真实且翔实的历史数据的基础上指出，资本的原始积累是一个肆意掠夺劳动人民的血腥过程，而不是国民经济学家们所描绘的田园诗般的、人类社会自然发展出的结果。正是通过在资本原始积累过程中所采取的"烧杀抢掠"等暴力手段，资产阶级才如愿以偿地逐步将劳动人民的生产资料集中在本阶级手中，同时向社会上抛入失去生产资料的、只能依靠出卖自身劳动力维持生存的海量劳动力。就这样，资本主义生产过程和流通过程得以顺利展开，资本家也得以在无偿攫取工人阶级所创造的剩余价值的基础上迅速发家致富。然而，国民经济学家们不但没有反思资本原始积累的非正义性，反倒致力于说明资本家如何在"正义精神"的指引下不断地积累个人财富。在马克思看来，这些"书斋"学者对于财富来源的解读是在罔顾历史事实的前提下对于现实社会的过度"美化"，他们大肆宣扬劳动者只要足够勤劳和节俭，就能够凭借所付

---

① 《马克思恩格斯全集》(第44卷)，人民出版社2001年版，第821页。

出的劳动量获得公平正义的相应回报，这就是个人发家致富的所谓"秘诀"。这种"公平回报论"的观点貌似是合乎情理的，但它实际上是为资产阶级利益而辩护的，根本经不起事实和逻辑的双重反驳：一方面，资产阶级之所以在分配过程中占据了绝大部分物质财富，根本原因是他们在生产过程开始前就已经完成了对生产资料的事实性垄断，追根溯源的话，他们所占据的生产资料正是来自资本原始积累过程中非正义地抢劫和掠夺；另一方面，如果说正义和劳动是致富的唯一手段，那么作为非生产者的资产阶级是如何发家致富的呢？资本主义社会中的现实经济运行过程非常清晰地展示，置身于劳动过程之外的资产阶级随着资本的不断增殖而身价倍增，但承担繁重体力和脑力劳动的工人阶级自身却在创造大量财富的同时不断贬值。因此，国民经济学家们所鼓吹的正义其实是为了资产阶级利益而辩护的，与此同时还起到了蒙蔽劳苦大众的作用，让后者误认为资本主义生产方式之下的生产和分配方式都是符合正义原则的，而他们之所以处于贫困状态是因为付出的劳动量还不够，还不足以达到让他们积累财富的程度。有鉴于此，马克思在揭露资产阶级致富真相的同时，也力求让工人阶级清醒地认识到坚决清除这种误导性正义观的必要性。

此外，马克思恩格斯还对深受启蒙学者和资产阶级正义观影响的空想社会主义者作出了针对性批判，恩格斯在《社会主义从空想到科学的发展》一书中这样总结道："按照这些启蒙学者的原则建立起来的资产阶级世界也是不合理性的和非正义的，所以也应该像封建制度和一切更早的社会制度一样被抛到垃圾堆里去。真正的理性和正义至今还没有统治世界，这只是因为它们没有被人们正确地认识。"[①]在恩格斯看来，不管是资产阶级，还是空想社会主义者都受到了启蒙运动的深刻影响，他们都宣称要按照启蒙运动中所宣扬的自由、平等、正义等理念建立一个理想性的国度，但资产阶级所建成的资本主义国家和空想社会主义者试图建立的国家实际上都是非理性的和非正义的。其中的根本原因就在于，资产阶级和空想社会主义者都没有真正地理解和把握正义，他们所传播以及实践的正义所

---

① 《马克思恩格斯文集》(第 3 卷)，人民出版社 2009 年版，第 526 页。

关联的是抽象意义上的整个人类，却刻意忽略或没有关注到现实社会中真实的、正在遭受残酷剥削和压榨的工人阶级。这样的正义只能是脱离现实根基的抽象概念，其在实践过程中要么沦为资产阶级所精心包装的意识形态，要么成为空想社会主义者所无意打造的空谈。具体来看，圣西门、傅里叶和欧文等人以解放全人类为己任并在一定程度上将其付诸实践，然而这个无比高尚的行动目标却因缺乏科学理论指导而充满虚幻化的色彩。空想社会主义者不仅没有搞明白资本主义生产方式的运行机制，更没有意识到无产阶级是唯一可以担负起推翻资本主义重任的革命力量。他们只局限于从文学、道德、法律、正义等角度出发来抨击资本主义制度，根本没有制定出科学的行动方案，所以其最终归于失败自然是在所难免了。

综上所述，马克思恩格斯在创建唯物史观的过程中完成了对于正义这一概念的审慎祛魅：一方面，他们有效地清除了自身在青少年时期因对正义的盲目推崇而形成的片面认识，自此便在依据唯物史观的基础上构建对于正义这一理念的客观论述；另一方面，他们运用唯物史观这一理论武器与工人阶级队伍中流传的各种错误正义观展开了卓有成效的斗争，其中包括对正义所谓永恒性和神圣性特质的批判，还有对资本主义式正义观的揭露，以及对于空想社会主义者"悬浮化"正义观的纠偏等。就这样，马克思恩格斯迅速完成了对于自身过往正义理论的坚定厘清，并为下一步重新构建符合唯物史观基本原则的正义论奠定了理论基础。

第三节　马克思恩格斯正义论重塑期对正义的
"返魅式扬弃"

进入 19 世纪 60 年代后，尽管自发组织的工人运动在整个欧洲范围内依然如雨后春笋般层出不穷，但大多因为缺乏科学理论的指导而难以制定出能够精准表达自身诉求的政治纲领，无奈之下只能借助社会上流传度较广的自由、平等、正义等理念作为串联行动的口号。然而，这种理论选择毕竟只是权宜之计，依然深陷于发展困境中的欧洲工人运动急需获取真正体现正义精神的行动指南。面对这一时代诉求，马克思恩格斯在通盘考虑之下对自身的正义论采取了辩证否定式的重塑，既承认正义在一般意义上起到了激励普罗大众追求应有政治权利和经济权益的积极作用，又坚决批判其被资产阶级包装成脱离社会经济生活的宣传工具后所造成的消极影响，并主张在研究资本主义生产方式的基础上实现对正义的"返魅式扬弃"。

一、马克思恩格斯返魅正义的综合考量

在马克思主义理论成为工人阶级队伍中的指导思想之前，绝大部分社会主义思潮的倡导者都不懂得运用唯物史观来分析社会现实，"并且用各种貌似社会主义的关于'人民'、'正义'、'权利'等等的词句来掩盖各种民主变革的资产阶级实质"①。显然，这种论调指导下的工人运动很难具备可持续发展的可能性。对此，马克思恩格斯一再强调先行制定党纲和党章是"运动中最重要、最困难的这一步"②，一个缺乏成熟纲领的工人组织是松散无力的，它既不能严格规范内部成员的实践行动，又无法向外界民众明确表达自身的理论诉求，终将在残酷的革命斗争中迷失自我而被敌对势力任意摆布。

尽管马克思恩格斯早在 1845 年就已经通过《德意志意识形态》这一文稿首次系统阐释了唯物史观，但因为这一文稿迟迟未能出版而使得其在欧洲的传播范围和影响力大打折扣，也间接地缩小了马克思主义理论在工人阶级队伍中的普及度，就如列宁所说："在第一个时期的开头，马克思学说决不是占统治地位的。它不过是无数社会主义派别或思潮中的一个而已。"③列宁此处所说的第一个时期特指从 1848 年欧洲革命到 1871 年巴黎公社革命爆发这段时间，马克思主义理论在这一阶段相比于其他社会主义思潮而言并未在工人阶级队伍中占据明显的指导优势。这就造成了一个比较糟糕的局面，当时唯一能够给工人运动提供科学指导的马克思主义理论并未得到应有重视，反倒是那些经过资产阶级精心包装后的人

---

① 《列宁选集》(第 2 卷)，人民出版社 2012 年版，第 305 页。
② 《马克思恩格斯文集》(第 4 卷)，人民出版社 2009 年版，第 318 页。
③ 《列宁选集》(第 2 卷)，人民出版社 2012 年版，第 305 页。

民、权利、正义等概念被广泛接受，以至于在工人阶级队伍中造成了一定程度上的思想混乱。显然，这种依然"沉浸"在资产阶级话语体系中的"主导"理论既无法提出明确的运动诉求，又无力担负起指导和组织工人运动的革命重任。

与此同时，资产阶级政治经济学家们则"醉心"于探究资本主义社会的财富积累状况，他们不仅无视贫富悬殊这一社会现实，而且"胡说现代社会制度盛行公道、正义、权利平等、义务平等和利益普遍和谐这一类虚伪的空话"①，这使得劳苦大众误认为资产阶级的个人财富来自公平且正义的市场竞争。如前所述，因为在工人阶级队伍中流传的各种社会主义思潮难堪大任，而马克思主义理论也尚未得到广泛意义上的传播，所以缺乏政治经济学基础知识的劳苦大众没有能力分辨国民经济学家们所阐释理论的真假对错，只能将判断是非的标准诉诸直觉和感性。在这种情况下，广大民众很难搞清楚自身的贫困状态到底是因何而成，只能被动地用公道、正义、权利等词汇来为自己争取利益，却没意识到这些概念在本质上就是服务于资产阶级切身利益的专属意识形态。

不得不承认的是，上述论调在客观上对于相当一部分工人形成了难以在短期内加以清除的深远影响，马克思恩格斯如果在这种情况下依然坚持"全盘拒斥"正义，则有可能导致马克思主义理论丧失在众多社会主义思潮中跃居为指导思想的机会。因此，马克思恩格斯对于正义在一定范围内所起到的积极作用还是给予了正面肯定。

二、马克思恩格斯对正义积极作用的保留

马克思恩格斯自身尽管已经完成了对于正义这一概念的祛魅，也清楚地知晓这一概念为资产阶级所承载的意识形态任务，但是在综合考虑工人运动实际状况的前提下，只能在一定程度上承认正义所具有的积极作用，以便在最大程度上团结一切可以团结的力量。因此，马克思恩格斯在随后的理论传播以及实践活动中一直尽可能谨慎地宣传和保留正义的积极作用。

---

① 《马克思恩格斯全集》(第 25 卷)，人民出版社 2001 年版，第 138 页。

（一）马克思对于宣传正义积极作用的妥善处理

马克思在为第一国际起草《协会临时章程》的过程中就面临着如何对待正义的问题，他在综合考虑之下采取了这样的办法：一方面，马克思旗帜鲜明地向全世界宣告，第一国际的所有成员都要"承认真理、正义和道德是他们彼此间和对一切人的关系的基础"①。显然，身为第一国际总委员会的主要成员，马克思在这份亲自草拟的纲领性文件中表明了对正义的高度认可，并号召加入第一国际的每一位成员不仅要在思想上高度重视，而且要在人与人的交往中切实遵循正义这一原则。不难推断，马克思之所以在完成祛魅正义后又"高度"认可正义，主要原因就在于，尽管绝大部分工人因为缺乏唯物史观的指导而从未意识到自身所追求的正义在本质上属于被资本主义生产方式所决定的观念上层建筑，但是这一概念已经在工人阶级队伍中广为传播并且深得人心，甚至已经成为"凝聚"他们斗争力量的标志性口号。面对这一客观事实，马克思不可能明确表达出坚决拒持正义的态度；另一方面，马克思在同时期写给恩格斯的信中又对此补充说明道："不过我必须在章程导言中采纳'义务'和'权利'这两个词，以及'真理、道德和正义'等词，但是，对这些字眼已经妥为安排，使它们不可能造成危害。"②这句话清晰地显示了马克思为了妥善处理正义这一概念的双重作用而采取的折中办法。也就是说，为了提升马克思主义理论在工人阶级队伍中的影响力，马克思不可能摒弃已经被广大民众在争取政治权利层面所普遍认同的正义概念，只能对其进行适度的改造并加以保留。毕竟，要想最终成就马克思主义理论在众多社会主义思潮中的压倒性优势，马克思就不可能无视被工人阶级因缺乏科学理论指导而"盲目"珍视的正义原则。与此同时，马克思也非常有信心地表示，他对于正义的认可和褒扬是有限度的保留，而非无原则的退让。正义这一理念作为文艺复兴尤其是启蒙运动的"遗产"，在欧洲广大民众的心目中有着崇高的地位。尽管工人阶级在当时未

---

① 《马克思恩格斯全集》(第21卷)，人民出版社2003年版，第17页。
② 《马克思恩格斯文集》(第10卷)，人民出版社2009年版，第215页。

必能在理论上正确地理解和把握正义的本质，但它在客观上确实起到了团结人员和凝聚力量的积极作用，这一点对于工人运动的重要意义自然是不言而喻的。因此，马克思对于正义的认可和保留主要是出于这一考虑，至于正义被资产阶级歪曲利用后所产生的负面影响，则只能争取在日后的理论斗争中逐步加以清除。

　　除了认可正义这一理念在联合被统治阶级争取政治权利这方面存在着积极作用外，马克思还从正反两个方面探讨了工人阶级运用正义争取经济权益的做法。具体来说，对于在英国工人阶级队伍中颇有影响力的"做一天公平的工作，得一天公平的工资"①这类正义性口号，马克思在《资本论》中进行了保守性回应，他这样评价道："这个内容，只要与生产方式相适应，相一致，就是正义的；只要与生产方式相矛盾，就是非正义的。"②在马克思看来，呼吁工资要和工作公平匹配的这类口号在资本主义生产方式下存在着"先天"缺陷，工人阶级并未意识到他们所呐喊的公平只不过迎合了资本主义式的正义原则。要知道，资本家通过支付工资来换取劳动力商品的"正义性"就在于其的确符合了由资本主义法律所保障的市场经济中的等价交换原则，至于这种交换背后所掩盖的非正义性剥削事实则被刻意忽略了。也就是说，资本主义生产方式所决定的法律体系自然只会代表和反映资产阶级的意志，资本主义社会中商品交易的正义性判断标准就是这一过程是否符合资产阶级法律所规定的、出自商品所有者和商品购买者共同意志的等价交换原则，然而这种形式正义掩盖了工人阶级被资产阶级剥削的非正义实质。这样的正义概念只会服务于资产阶级的既得利益，毕竟资产阶级的财富积累主要来自无偿攫取由无产阶级所创造的剩余价值，所以他们只会以公平正义的商业交易为名不断降低所需偿付的工资。因此，工人阶级在争取自身经济权益时务必要意识到"公平工资"这种口号的片面性，而不能一味地依据被资产阶级法律所制定的交易规则来争取自身的经济权利。尽管如此，马克思恩格斯也并未完全否定这类正义性口号，而是承认它"曾经起过很好的作用"③，从短期来看，这类口号符合了

① 《马克思恩格斯全集》(第25卷)，人民出版社2001年版，第488页。
② 《马克思恩格斯全集》(第46卷)，人民出版社2003年版，第379页。
③ 《马克思恩格斯全集》(第25卷)，人民出版社2001年版，第488页。

工人阶级对于正义原则的理解和期盼，也确实能在一定程度上推动他们去争取自身的经济权益。也就是说，工人阶级所呐喊的、工资要和劳动量公平匹配的这一口号肯定是有一定积极作用的，哪怕它因落入资产阶级的话语陷阱而未能揭露工资正义性背后的非正义现实，但起码可以通过简单易懂的标语将广大劳动者有效地组织起来，在发动各项抗争运动的基础上争取到部分经济权益。

(二)恩格斯对于正义积极作用的适度肯定

与此同时，恩格斯也在不少场合表达了对正义积极作用的适度认可。具体来说，恩格斯曾经在《关于共产主义者同盟的历史》一文中回顾了工人阶级运动所面临的一大现实困境，即工人阶级的总体认知水平不足以帮助他们科学理性地分析社会经济现象。绝大部分工人是从失去土地的农民或破产手工业者转化而来，他们大多因出身贫寒而未接受过良好的文化教育，更不必提对政治经济学基础知识的理解和把握。因此，每当需要分析现实生活中的经济现象时，他们只能习惯性地凭借所谓的人生经验加以判断，这当然会导致无法准确理解和把握经济现象背后的实质。但是，恩格斯接着补充说明道："但这没有多大关系；'平等'、'博爱'和'正义'暂时还有助于克服一切理论上的困难。"[1]也就是说，尽管工人阶级因缺乏政治经济学常识而没法理解资本主义社会中的各类经济现象，尤其是贫富悬殊这一突出问题，这严重阻碍了他们对此提出科学理性的解决方案或行动纲领。但是，至少他们还会采用自由、平等、正义这些概念来提出诉求，哪怕不能参透这些概念的意识形态本质，也并不影响他们就此而在短期内紧密地团结在一起。

此外，恩格斯还在修订《英国北方社会主义联盟纲领》的过程中赞同了这种看法："我们的目的是要建立社会主义制度……请所有的人在这项伟大的事业上支持社会主义联盟。赞同者应该承认他们彼此之间以及他们同所有的人之间的关系

————————

① 《马克思恩格斯全集》(第28卷)，人民出版社2018年版，第274页。

的基础是真理、正义和道德。"①恩格斯于 1886 年接受了英国社会主义者马洪的请求，着手对于这份纲领性文件作出部分修订，并借此向全世界无产阶级宣告英国北方社会主义联盟的未来政策。恩格斯在修订纲领的过程中遇到了和马克思当年为第一国际起草临时章程时所面对的同样问题，即社会主义者对于正义这一理念应该采取的态度。恩格斯从字面上赞成了这样的纲领性内容，即社会主义制度的拥护者应该承认，人与人之间应该为了维护共同的真理、正义和道德而和谐相处。可见，恩格斯此时对于正义的处理方式和马克思当年的做法完全保持一致，即在工人阶级的行动纲领中依然有保留地肯定被他们所普遍认同的正义原则。

综上所述，马克思恩格斯在重塑自身正义理论的过程中对于正义的积极作用还是做了有限度的保留和发扬。马克思恩格斯在广泛参与工人运动的过程中屡次发现，资本主义式的正义原则已然在工人阶级队伍中得到了较为广泛的传播，以至于绝大部分无产阶级政党在拟定党纲时会将正义原则写入党纲。尽管工人阶级因为缺乏科学理论的指导而未能正确理解和把握正义的本质，但如果马克思恩格斯依然坚决主张将正义排除出党纲，就极有可能丧失让马克思主义理论在众多社会主义思潮中脱颖而出的宝贵机会。因此，马克思恩格斯决定在绝大部分工人掌握唯物史观和剩余价值理论之前，在传播马克思主义理论的过程中暂时保留正义这一理念，以此来发挥它激励和联合工人阶级队伍的积极作用，同时在日后寻找一切可能的机会逐步消除它在其他方面所造成的负面影响。

三、马克思恩格斯对正义消极影响的克服

马克思恩格斯针对正义积极作用的"包容"充分显示出克服其消极影响的紧迫性和必要性。从长远来看，如果工人阶级一直沉迷于被"书斋"学者们通过抽象叙事而过度"美化"的观念上层建筑，就极有可能将斗争重心放在诉求空洞的正义权利上而放弃阶级斗争。再者，如果工人阶级的理论"武器库"中只剩下公正、平

---

① 《马克思恩格斯全集》(第 28 卷)，人民出版社 2018 年版，第 652 页。

等、正义等这些抽象概念，那么他们就只能依据资产阶级式的法权概念而不是政治经济学的基础知识来提出正确的阶级斗争方针。

(一)马克思恩格斯对于以正义为名放弃阶级斗争的批判

马克思恩格斯曾经在通信中语重心长地告诫倍倍尔、李卜克内西等人，德国社会民主党内已经出现了一种非常不好的思想动向，"人们可以尽情地和解、妥协和大谈其博爱。对待无产阶级和资产阶级之间的阶级斗争也是如此。在纸上人们承认这种斗争，因为要否认它简直已经是不可能的了，但是在实践中去抹杀、冲淡和削弱它"①。也就是说，就德国社会民主党而言，其党内不少成员深受自由、平等、正义等资本主义意识形态的影响，因而倾向于寻求不同党派之间的妥协与和解，甚至为此不惜放弃在建立社会主义政党的过程中本该遵循的一些基本原则，其中最重要的一点就是对于发动阶级斗争的认识和定位。阶级斗争一直是处于被统治地位的无产阶级争取自身权力的最重要"武器"，这一论断在社会主义运动中得到了广泛传播并已经达成共识，所以没有一位党员会公开表示要放弃这一革命手段。然而，在实际展开的运动中，德国社会民主党内有不少党员以扩大党派影响为名，刻意回避阶级斗争这一运动方针，并借此寻求和其他有保守主义倾向的党派进行合并。

马克思恩格斯进一步指出，如果德国社会民主党轻易放弃暴力革命这一斗争手段，那么，"留下来充当社会主义的基础的就只有'真正的博爱'和关于'正义'的空话了"②。在马克思恩格斯看来，无产阶级政党所组织的社会主义运动一定要以马克思主义理论作为指导思想，以便夯实自身的理论基础并制定合理的行动纲领，其中就包括千万不能放弃阶级斗争这一革命手段。然而，德国社会民主党的组织者们因为不懂得运用唯物史观，结果不仅大幅度弱化了阶级斗争在社会主义运动中的地位，而且在未经扬弃的前提下就致力于把博爱、正义等口号打造成

---

① 《马克思恩格斯全集》(第25卷)，人民出版社2001年版，第360页。
② 《马克思恩格斯全集》(第25卷)，人民出版社2001年版，第361页。

社会主义的理论基础，"奢望"借此推动资产阶级去主动改革政治体制，并就此抛弃了引导工人阶级发动暴力革命来彻底变革资本主义生产方式这一根本路径。这样的行动纲领不仅背离了发动社会主义革命的初衷，而且在实践中也不可能取得什么成效。马克思恩格斯认为，正义这一概念并非可以脱离现实环境的超验范畴，它本质上是由资本主义生产方式所决定的意识形态，只能代表和反映资产阶级的切身利益。工人阶级如果沉迷于追求被资产阶级所刻意包装的正义理念，并且试图通过和平抗议的方式去落实正义的生活，那么这种运动必然会在资产阶级的疯狂压制下归于失败。因此，马克思恩格斯反复强调，只有彻底摧毁资本主义政权的暴力革命才能从根本上解放被残酷剥削的工人阶级，舍弃这一斗争方针只能导致社会主义运动停留在空谈式的概念辩论阶段。

有关于阶级斗争的重要作用，恩格斯还在《法学家的社会主义》一文中作了较为详细的总结：一方面，遭受残酷剥削和压榨的无产阶级寻求各种可以用来批判资产阶级的理论武器。但在将马克思主义理论作为指导思想之前，他们所组建的早期政党只能在改造资产阶级所宣扬的意识形态的基础上制定自己的行动纲领，自然就不可能在彻底摒弃资产阶级话语体系后提出暴力革命的主张。这种抗争运动所存在的理论局限性和实践无力性自然是毋庸多言的；另一方面，空想社会主义者在意识到工人运动的这一缺陷后也开始反思。在他们看来，尽管无产阶级在一定程度上对于自由、平等、正义等概念进行了改造性应用，但归根结底还是未能超越资产阶级的政治视域。这自然会产生一个令无产阶级进退两难的问题，既然他们用于政治斗争的理论武器都源自资产阶级所制造的意识形态，那么这种使用资产阶级的理论反抗资产阶级的斗争又怎么可能取得成功呢？正是基于这种逻辑推断和现实检验，空想社会主义者较为"极端"地宣称一切政治斗争都是不起作用的。

面对以上两种见解，恩格斯明确指出，它们的共同缺点就在于放弃了通过阶级斗争改造资本主义生产方式的这一根本性革命措施，"伟大的空想主义者放弃了政治斗争同时就是放弃了阶级斗争，也就是放弃了他们维护其利益的那个阶级的唯一可能的活动方式。两种观点都脱离了它们赖以存在的历史背景；双方都诉诸感情；一方诉诸正义感，另一方诉诸人性感"①。也就是说，这一批无产阶级政党和空想社会主义者因为缺乏唯物史观和剩余价值理论的指导，都没有找到无产阶级遭受压迫和剥削的根本原因和解决方案，以至于将社会主义运动的理论基础定位在正义感、人性感等感性概念上，进而要么主张法制基础的变革，要么呼吁人性的复苏，却将阶级斗争这种唯一可以维护他们自身利益的手段弃之而不顾。显而易见，他们都没有意识到，要想解放无产阶级进而解放全人类，核心问题就在于发动改造资本主义生产方式的社会主义革命，而不是把斗争重心放在向广大民众阐释被资本主义生产方式所决定的自由、平等、正义等概念上。在马克思恩格斯看来，工人阶级之所以在创造大量社会财富的同时却越来越贫穷，根本原因就在于，资本主义生产方式所决定的生产和分配模式使得资产阶级可以凭借掌控生产资料的先行"优势"无偿攫取无产阶级所创造的剩余价值。因此，社会主义运动要想改变资本主义社会贫富悬殊的非正义现象，仅仅诉诸正义概念是无济于事的，而是要联合无产阶级通过发动暴力革命的方式彻底改造资本主义生产方式，这样才能引导广大民众实现真正的正义生活。

(二)马克思恩格斯对于以正义为名争取经济权益的指点

除了提醒工人阶级在争取政治权利时要避免落入资产阶级所精心设置的正义"陷阱"，马克思还对工人阶级以正义为名争取经济权益的做法予以点拨："关于公平和正义的空谈，归结起来不过是要用适应于简单交换的所有权关系或法的关系作为尺度，来衡量交换价值的更高发展阶段上的所有权关系和法的关系。"②在马克思看来，工人阶级所信奉的正义本质上是资产阶级话语体系下的意识形态范畴，其赖以生存的法权基础是资产阶级法律体系规定下的公平交换原则。然而，资本主义社会中的法律不过是服务于资产阶级的观念上层建筑，被其所保障的正义概念归根结底只会代表在生产关系中占据绝对优势的资产阶级的切身利益。进

---

① 《马克思恩格斯全集》(第28卷)，人民出版社2018年版，第610页。
② 《马克思恩格斯全集》(第30卷)，人民出版社1995年版，第279页。

一步说，资产阶级一直极力鼓吹用工资购买劳动力的交易行为具有法权意义上的公平性和正当性，但这种论调不过是为了掩盖其无偿榨取剩余价值的真相，实际上就是利用流通领域中价值规律所蕴含的等价交换原则来掩饰生产领域中的剥削现象。因此，如果工人阶级只是依从法权式的正义概念来制定行动纲领的话，他们必定会受困于资产阶级所刻意打造的认知误区，从而导致这些承载宏图大志的诉求最终沦为毫无实际作用的空谈。

同样，恩格斯也对工人阶级队伍中流行的运用正义概念争取自身利益的行动进行了评价。如前文所述，"做一天公平的工作，得一天公平的工资"这句口号曾经在英国工人运动中广为流传，它在现实生活中确实起到了激发工人联合起来争取经济权益的积极作用。但是，恩格斯在肯定了这句口号曾经发挥的历史作用后，也毫不避讳地指出它实际上已经不再适用于 19 世纪末的工人运动，因为它并不能从学理上解释一个核心问题，即到底该如何界定所谓公平的工作以及公平的工资呢？恩格斯明确指出："要回答这个问题，我们不能凭借关于道德或法和衡平法的科学，也不能诉诸任何人道、正义甚至慈悲之类的温情。在道德上是公平的甚至在法律上是公平的，从社会上来看可能远不是公平的。社会的公平或不公平，只能用一门科学来断定，那就是研究生产和交换这种与物质有关的事实的科学——政治经济学。"①在恩格斯看来，界定一种社会经济现象公平与否的标准既不可能隶属于伦理学和法学学科，也不可能是人道、正义这种充满温情的感性概念。原因就在于，符合道德或法律标准的经济现象对于社会大众的实际生活来说未必就是公平的，同理，符合正义标准的经济现象对于大众实际所得而言就更不一定是公平的，只有政治经济学才能科学地判断一种社会经济现象的公平与否。恩格斯借此进一步说明，英国工人运动中所吁求的公平、正义等口号本质上属于资产阶级所打造的观念上层建筑，是资本主义社会中特有的、"温情脉脉"的假象，它无助于彻底解决劳苦大众所遭受的社会不公现象。当然，这句口号也反映了缺乏政治经济学理论指导的工人阶级在开展运动的过程中，未能提出既符合

---

① 《马克思恩格斯全集》(第 25 卷)，人民出版社 2001 年版，第 488 页。

自身利益，又能揭穿资本家致富真相的纲领，也从侧面显示了国民经济学家所宣扬的资本主义生产方式的正义性对于工人阶级的误导。

综上所述，马克思恩格斯在重塑自身正义理论的过程中一直尽可能地克服正义的消极影响。众所周知，在马克思主义理论成为工人阶级队伍中公认的指导思想之前，虽然欧洲工人运动保持着如火如荼的发展势头，但大多因缺乏建立在科学理论基础之上的行动指南而时常迷失斗争方向，以至于给国际共产主义运动造成了不小损失。在这一时期，各种社会主义思潮纷纷将资产阶级话语体系中的自由、平等、正义等概念"改造成"自身理论体系中的核心理念，这对工人阶级争取自身政治权利和经济权益的斗争造成了一定程度上的思想误导。在这些抽象理念的影响下，相当一部分工人阶级放弃了阶级斗争这一最有效的革命方式，转而通过诉诸平等、正义等概念来谋求扩大自身的各项权利。这种以所谓"和平夺权"为核心斗争方式的工人运动在资产阶级的强硬压制下自然是"溃不成军"。为此，马克思恩格斯猛烈批判了工人阶级队伍中流传的错误正义观，并借此向广大劳动者充分展现了将马克思主义理论作为指导思想和行动指南的必要性。广大工人阶级只有学会运用唯物史观和剩余价值理论来认清自由、平等、正义等概念的本质，才能制定出脱离资产阶级话语体系的、切实有效的革命方案。

四、马克思恩格斯正义论的方法论意义

马克思恩格斯对于正义进行"返魅式扬弃"的落脚点就在于，引导工人阶级运用马克思主义理论尤其是唯物史观去理解和实践美好的正义生活。恩格斯对此言简意赅地总结道："所以，一切社会变迁和政治变革的终极原因，不应当到人们的头脑中，到人们对永恒的真理和正义的日益增进的认识中去寻找，而应当到生产方式和交换方式的变更中去寻找；不应当到有关时代的哲学中去寻找，而应当到有关时代的经济中去寻找。"[1]在马克思恩格斯看来，劳苦大众因对资本主义社会现实的诸种不满产生了改变现状的强烈诉求，但因缺乏科学理论的指导反倒盲

---

[1] 《马克思恩格斯文集》(第9卷)，人民出版社2009年版，第284页。

目"追捧"被资产阶级所精心包装的"永恒正义"，如果他们能够全面掌握唯物史观，就会发现资本主义生产关系和生产力之间难以调和的矛盾才是造成各种非正义现象的经济根源，这样才能找到社会发展变迁的根本原因。

（一）源自道德义愤的正义理念改变不了现实生活

如前所述，在马克思主义理论成为工人阶级队伍中公认的指导思想之前，工人阶级在组织抗争运动时所使用的口号基本都是源自情感义愤的正义理念，而非依据唯物史观所提炼出的行动方针。自19世纪60年代起，随着资本主义经济危机的频繁爆发，一直保持相对贫困状态的工人阶级所发起的抗争自然也会日趋激烈。这一时期的欧洲工人运动呈风起云涌之势，在客观上的确起到了"迫使"资产阶级在一定程度上"让利于"无产阶级的积极作用。但令人惋惜的是，这些具有社会主义性质的抗争运动因缺乏理论指导而未能制定出科学的行动纲领，它们大多依靠对于资产阶级的道德谴责来表达自身的政治诉求并激发工人们的斗志。恩格斯为此在《十小时工作日问题》一文中指出："但是，支持工人中的英勇反抗精神是一回事，在公开的争论中对抗他们的敌人是另外一回事。在这方面，单凭愤慨，单凭冲天大怒，不管多么正义都毫无用处，这里需要的是论据。"[1]在恩格斯看来，工人们在反抗资产阶级的斗争过程中表现出不屈不挠的斗志和不怕牺牲的精神，这些都得到了广大民众的赞颂和支持。但是，工人们在抗争中所使用的正义式口号都源自感性的道德愤慨，它们确实能在短时间内把对于现实不满的抗争人员联合起来，但因严重缺乏论据而无力揭露资本主义生产方式的内在弊病。也就是说，社会主义运动要想实现解放工人阶级的这一伟大目标，仅仅诉诸道德义愤和正义原则是于事无补的，一定要在科学理论的指导下制订出切实可行的行动方案。

实际上，对于工人运动中所普遍存在的这一认知误区，恩格斯早在《共产主义者和卡尔·海因岑》一文中就做过初步探讨。恩格斯特别提到，海因岑既强调

---

[1]　《马克思恩格斯全集》（第10卷），人民出版社1998年版，第282页。

要保护每个人的私有财产，又本着朴素正义观和道德义愤呼吁要让每一位劳动者都能够凭借实际劳动量获得相应报酬，"可惜这种正义感被大工业化为乌有了，只要大工业的发展水平还没有达到足以使自己完全挣脱私有财产的羁绊，它就不能容许现存方式以外的其他任何分配产品的方式，资本家就还要把利润装进自己的口袋，工人在实践中也会越来越清楚地认识到什么是最低工资"①。恩格斯一针见血地指出海因茨的所谓正义感具有空谈性，资本主义生产方式之下的社会化大生产受到了生产资料私人占有制的严重束缚。不管大工业在多大程度上提升了生产力水平，也不管它依靠劳苦大众创造出多少物质财富，只要资产阶级依然在生产关系中占据绝对主导地位，他们就会在分配过程中大肆掠夺由劳动者在生产过程中所创造的财富，至多剩下一点最低工资给劳苦大众来维持基本生存。因此，海因茨所倡导的应得正义在资本主义社会中毫无实际意义，资本主义生产方式所确立的生产和分配模式必定是符合资产阶级利益的，而不可能按照有利于工人阶级的"所得即所劳"原则加以实施。这种源自情感的正义观和社会经济现实严重脱节，对于工人运动也产生了不容忽略的误导作用。

后来，恩格斯还在《反杜林论》中针对以上现象进一步强调，如果工人阶级依然把所谓的永恒正义当作对抗资产阶级的主要武器，那么充其量只能表达出一些道德层面的愤慨，然而，"道义上的愤怒，无论多么入情入理，经济科学总不能把它看做证据，而只能看做象征"②。这种源自情感冲动的道德义愤虽然能在一定程度上调动劳苦大众的抗争情绪，但因无法给出解决实际问题的科学方案而只能沦为象征性的"高谈阔论"。这些有关正义的空谈至多让人们观察到资本主义社会中的各种非正义现象，但也只能停留在理论探讨的层面而不能作为改变现实社会的行动指南。显然，仅靠抽象的概念辩论永远不可能实现正义，社会主义运动要想彻底改变工人阶级被剥削和被压榨的生存境遇，唯一可行的解决方案就是通过发动暴力革命推翻资本主义政权，在实现无产阶级专政后再从根本上变革资本

① 《马克思恩格斯文集》（第1卷），人民出版社2009年版，第673页。
② 《马克思恩格斯文集》（第9卷），人民出版社2009年版，第156页。

主义生产方式，但这一艰苦卓绝的斗争岂能是空喊几句口号就能成功的。

(二)现实世界不会因不符合正义原则而自行发生变革

恩格斯不仅指出源自道德义愤的正义感解放不了无产阶级，而且认为那种静待正义自动改变世界的论调也是极具误导性的。恩格斯在《反杜林论》中犀利地批判道，杜林所宣扬的正义理念严重缺乏学理依据，实质上只是承载其个人想象力的抽象范畴。因此，杜林在运用自己的正义观去考察社会经济现象时就会错漏百出，他先是将私有制和雇佣劳动定性为合乎社会发展规律的正义之物，但没过多少时间又转而谴责这两者的非正义性。显而易见，如果只是依据杜林这种感性的正义概念来判断社会经济现象的发展走势，那就只能陷入毫无实际意义的空谈之中。恩格斯就此指出："如果我们确信现代劳动产品分配方式以及它造成的赤贫和豪富、饥饿和穷奢极欲尖锐对立的状况一定会发生变革，只是基于一种意识，即认为这种分配方式是非正义的，而正义总有一天一定要胜利，那就糟了，我们就得长久等待下去。"[①]在恩格斯看来，杜林一直对正义这一概念寄予不切实际的空想，并对社会经济现象作出了缺乏缜密论据的、模糊且易变的正义性界定。杜林甚至天真地指望资本主义社会中的各种不公现象迟早会因为不符合正义原则而自行毁灭，还"坚信"只要是符合正义要求的生产方式就总有一天会赢得胜利。但关键的问题在于，只有建立在客观分析资本主义生产方式基础之上的政治经济学理论才能揭示资本增殖的底层逻辑，而不是想当然地依据所谓正义的概念来加以定性，并奢望现实生活也随着道德评判而发生相应改变。尽管资本主义社会中资产阶级与无产阶级之间贫富悬殊、两极分化的现象的确违背了正义理念所蕴含的基本要求，但这不代表资本主义生产方式就会因此而自行发生变革。这种错误的认识会严重误导工人运动，导致他们以为只要在社会中广泛传播正义这一理念就能达到"不战而胜"的目的。

恩格斯进一步预测到，资产阶级对于无产阶级的残酷剥削和压榨终有一天会

---

① 《马克思恩格斯文集》(第9卷)，人民出版社2009年版，第164页。

被彻底改变，但这一变局肯定不是因为资本家在正义舆论的抨击下"改邪归正"，而是因为资本主义生产方式被更先进的社会主义生产方式所取代。恩格斯明确指出："现代社会主义必获胜利的信心，正是基于这个以或多或少清晰的形象和不可抗拒的必然性印入被剥削的无产者的头脑中的、可以感触到的物质事实，而不是基于某一个蛰居书斋的学者的关于正义和非正义的观念。"①在恩格斯看来，资本主义社会中生产力与生产关系、经济基础与上层建筑之间的矛盾是不会自行消失的，它只会随着时间的推移越发严重，终将发展到不消灭资本主义生产方式就会毁灭整个人类社会的糟糕局面。真到了这一阶段，工人阶级更应该充满信心地联合起来发动社会主义革命，在实现无产阶级专政的前提下彻底变革资本主义生产和分配方式，从而实现真正的正义生活。当然，恩格斯之所以能够如此坚定地作出这一预测，完全是基于唯物史观和马克思主义政治经济学的核心内容，而不是依据"书斋"学者们有关正义和非正义的抽象思辨。

（三）正义概念不可能成为科学社会主义的理论基础

恩格斯还在《社会主义从空想到科学的发展》一书中专门提到了空想社会主义者的正义观，他们对于正义不切实际的空想在工人阶级队伍中有着较为广泛的传播，必须要加以纠偏才能减轻其造成的负面影响。恩格斯这样评价道："对所有这些人来说，社会主义是绝对真理、理性和正义的表现，只要它被发现了，它就能用自己的力量征服世界……为了使社会主义变为科学，就必须首先把它置于现实的基础之上。"②不难看出，空想主义者一厢情愿地认为，正义这一概念自诞生起就已经具备了改变世界的力量，而社会主义作为正义的象征自然也就具备了同样的"神力"。在空想主义者眼中，面对存在着各种非正义现象的资本主义社会，社会主义运动必定因自身的正义精神而先天具有压倒性优势，其摧枯拉朽般地摧毁旧世界自然就是顺理成章的事情。恩格斯毫不避讳地指出，空想社会主义者仅

---

① 《马克思恩格斯文集》（第9卷），人民出版社2009年版，第165页。
② 《马克思恩格斯文集》（第3卷），人民出版社2009年版，第536~537页。

凭一种社会制度的正义"含量"来判断其实力大小的论调既是对正义的误读，又给社会主义强行赋予了不切实际的空想色彩。无产阶级要想避免这一错误倾向，就必须要依据唯物史观和剩余价值理论来分析资本主义社会现实，从而推动社会主义从空想变为科学。

社会主义之所以能够取代资本主义，不是因为它是抽象正义概念的现实"化身"，而是因为它所主张的生产资料公有制适应了社会化大生产的发展需求，从而能够作为更先进和更发达的社会形态推翻旧有体制。恩格斯就此进一步强调道："真正的理性和正义至今还没有统治世界，这只是因为它们没有被人们正确地认识。"[①]圣西门、傅里叶和欧文等人以解放全人类为己任，但因缺乏科学理论指导而忽略了可以承担这一重任的无产阶级，以至于在实践中还是谋求建立所谓理性和永恒正义的国家。这与启蒙学者所宣扬的正义王国虽然有着根本性质上的区别，但它对于正义本质的认识同样是模糊不清的。因此，空想社会主义者的所谓理性和正义并不能担负起指导工人阶级改变世界的历史重任，后者只能在马克思主义理论的指导下才会正确认识正义的本质，并随着社会主义国家的建立而将真正的正义理念推广至全世界。

与此同时，马克思对德国社会民主党所流行的错误正义观也展开了激烈批判。具体来说，马克思在和弗里德里希·阿道夫·左尔格的通信中痛心疾首地指出，德国社会民主党内不管是普通工人，还是工人领袖，抑或是那些刚刚加入的大学生和知识分子，在他们中间出现了一种向拉萨尔主义和杜林主义妥协的风气，"这些人想使社会主义有一个'更高的、理想的'转变，就是说，想用关于正义、自由、平等和博爱的女神的现代神话来代替它的唯物主义的基础（这种基础要求人们在运用它以前进行认真的、客观的研究）"[②]。在马克思看来，这些人之所以出现这样的错误论调以及妥协倾向，根本原因就在于不懂得唯物史观，更不知道如何将其用作指导思想来指导工人运动。这些人动辄就把唯物史观挂在嘴

---

① 《马克思恩格斯文集》（第 3 卷），人民出版社 2009 年版，第 526 页。
② 《马克思恩格斯文集》（第 10 卷），人民出版社 2009 年版，第 420 页。

边，但只是把它用作炫耀学识的标签，却不曾在认真阅读马克思主义经典文本的基础上真正把握唯物史观的基本原则。就这样，德国社会民主党内不可避免地出现了思想混乱，以至于不少党员为了扩大所谓的影响力而试图和拉萨尔的投降主义、杜林的虚无主义相妥协。特别是一些新近加入的大学生党员，他们沉迷于有关自由、平等、正义等概念的空洞叙事中，并试图将这些概念"升级"为社会主义的理论基础，却将唯一能够科学分析资本主义社会经济现象的唯物史观抛之脑后。

马克思恩格斯坚定认为，只有唯物史观和剩余价值理论才能在研究资本主义运行过程的基础上揭示其内在矛盾，从而为推翻资本主义政权后确立社会主义生产方式提供行动指南，也只有唯物史观和剩余价值理论、而不是什么正义概念才能成为科学社会主义的理论基础。就这样，马克思在潜心研究资本生产和流通的基础上有理有据地揭示出，资本主义生产方式的弊端集中表现在生产资料私有制对于社会化大生产的制约，而由社会来占有以及分配生产资料是破除弊端的最优解决方案。不过，恩格斯为此补充说明道："正如其他一切社会进步一样，这种占有之所以能够实现，并不是由于人们认识到阶级的存在同正义、平等等相矛盾，也不是仅仅由于人们希望废除这些阶级，而是由于具备了一定的新的经济条件。"①也就是说，广大民众一定要认识到，资本主义因其不可调和的基本矛盾而被社会主义所取代是符合历史发展规律的必然性进程的，但这一过程的展开和实现不可能依赖于人们对于平等、正义等概念的诉求以及所采取的相应行动。早期的工人运动之所以在形式上轰轰烈烈，但实际效果不够理想的原因就在于，它们并没有以马克思主义理论为指导，而是倚重于一些听起来令人热血沸腾的正义式口号。然而，这些着重吁求自由、平等、正义的理想化口号并不能揭示资本主义生产方式的内在机理，更不可能为工人运动提供科学的行动指南。社会主义运动所真正需要变革的是资本主义社会的经济基础，而不能"沉迷"于针对观念上层建筑的抽象叙事，只改变后者是于事无补的。因此，马克思恩格斯正义论正是在研

----

① 《马克思恩格斯文集》(第 9 卷)，人民出版社 2009 年版，第 298 页。

究资本主义生产方式内在机理的基础上完成了对正义概念的"返魅式扬弃"，从而担负起指导广大民众追求美好的正义生活的历史重任。

综上所述，从马克思主义发展史的角度来看，马克思恩格斯正义论的构建经历了一个为期漫长但逻辑清晰的发展历程。这一过程萌发于少年时期的马克思恩格斯对于正义的"赋魅式认同"，转折于青年时期的马克思恩格斯对于正义的"祛魅式反思"，成形于成熟时期的马克思恩格斯对于正义的"返魅式扬弃"。马克思恩格斯正义论的建立不仅清除了马克思恩格斯本人曾经对于正义的非理性信仰，而且有理有据地揭露了资产阶级鼓吹正义的真实意图，还卓有成效地肃清了工人阶级队伍中所流传的各种错误正义观，从而在保留正义积极作用的同时克服了其所造成的负面影响。马克思恩格斯正义论的核心思想就是要向全世界无产阶级宣告：要想实现真正符合正义原则的、每个人都可以获得自由发展的共产主义社会，最根本的途径不是诉诸各种空谈式的正义概念，而是要在马克思主义理论的指导下确立和建设生产力与生产关系、经济基础与上层建筑之间和谐发展的社会主义生产方式，进而在民众生活中落实并普及正义性的分配和消费方式。

第二章 生产正义是马克思恩格斯正义论的核心诉求

"劳动是生产的真正灵魂"①，生产的精髓要义就在于组织劳动者在一定的生产方式下开展劳动。劳动是任何一个国家和民族赖以生存的根本条件，废弃劳动只能意味着在短时间内就会自取灭亡，因此，从事生产劳动是人类社会的普遍存在状态。但是，不同形态下的社会具有不同的生产方式，这些大相径庭的生产方式自然也会导致不同社会形态中的劳动前提、过程和结果会存在着明显差异。马克思在写给路德维希·库格曼的信中语重心长地说道："任何一个民族，如果停止劳动，不用说一年，就是几个星期，也要灭亡，这是每一个小孩子都知道的。"②然而，这一连小孩子都能明白的颠扑不破的真理对资产阶级来说却成了一个"环顾左右而言他"的难题。当然，也不是他们不懂得劳动的重要性，而是不愿意暴露自身对于劳动所持有的自相矛盾的态度。动辄以"正义使者"自居的资产阶级一贯自诩为资本主义社会中最重视生产劳动的群体，一边大肆宣扬自己作为劳动组织者、监督者以及推动者的显性身份，并借此为自己所占据的大量财富作合理性辩护，另一边却刻意藏匿自己身为劳动脱离者和最大受益者的隐性身份。资产阶级如此分裂的行为显然是背离了他们所宣扬的正义原则，还暴露出其多重身份背后所掩盖的非正义现实。显然，资产阶级作为置身于劳动过程之外的食利者阶层却操控整个劳动生产过程，并通过出售工人阶级所生产的全部劳动产

---

① 《马克思恩格斯文集》(第 1 卷)，人民出版社 2009 年版，第 166 页。
② 《马克思恩格斯文集》(第 10 卷)，人民出版社 2009 年版，第 289 页。

品赚得"盆满钵满"，从而导致资本主义社会中工人阶级的生产劳动始终处于异化状态中。

更有违正义原则的是，虽然终日辛勤劳作的工人阶级承担了极为沉重的体力劳动和脑力消耗，也无法改变自身所创造的劳动产品中包含的剩余价值被无偿掠夺的遭遇，更无法改变他们长期处于贫困窘境的经济现实。长此以往，资本主义生产方式必然导致劳动者本人以及劳动本身的萎缩和消亡，并终将毁灭整个人类社会。因此，寻求生产正义就是恢复劳动的本真状态，让其成为劳动者自主开展的一项主体性活动，并从中获得自由且个性的发展，这是马克思恩格斯正义论的核心诉求。

第一节　资本主义社会生产前提的非正义性

资本主义生产过程的开启根本不是国民经济学家所鼓吹的"自然规律"的必然呈现，而是资产阶级借助人类社会经济发展的客观趋势，明目张胆地通过"巧取豪夺"广大劳动者的生产资料和生活资料来实现的，就如马克思所说："资本主义生产的整个体系，是建立在工人把自己的劳动力当作商品出卖的基础上的。"①可见，资本主义生产过程得以开启的前提就是，资本家可以使用货币资本在市场上购买到自己所需要的劳动力商品。广大劳动者之所以甘愿成为"任人宰割"的商品，不过是因为他们自由到除了出卖劳动力之外已经一无所有。在资产阶级看来，这一商业交易过程完全符合资本主义社会中所制定的法律条文以及所宣扬的正义原则，但对于劳苦大众而言，这背后所遮蔽的非正义事实就在于，他们在丧失生产资料后因缺乏谋生手段而只能默默忍受资本主义"血汗工厂"里的剥削和压榨。历史事实证明，资本主义社会中的绝大部分工人实际上来自破产的农民和小手工业者，他们都是在资本的原始积累过程中慢慢丧失了可用于自主劳动的生产资料，以至于失去了维持日常生活的经济能力。国民经济学家过分美化了资本主

---

① 《马克思恩格斯全集》(第44卷)，人民出版社2001年版，第495页。

义生产方式确立过程的合理性和正义性，还声称这一现象不但是符合经济规律的、社会分工的必然结果，而且带来了生产力水平的提升和社会财富的增加。然而，这些所谓的学者完全忽略了广大劳动者为此所付出的非正义代价，避而不提丧失生产资料的劳动者只能被迫成为资产阶级致富"垫脚石"的这一社会不公现象。针对国民经济学家对于资本主义生产奠定过程的"吹捧"，马克思恩格斯严谨且细致地回顾了这一充满"血腥味"的历程，并有理有据地揭示出其中所隐藏的非正义性。

一、社会化大分工所带来的资产阶级和无产阶级的分化

随着人类社会经济发展形态从自然经济阶段向商品经济阶段的过渡，整个社会的分工取得了更为广泛的进一步发展。这种发展趋势一方面促进了生产力的发展和经济的初步繁荣，但另一方面也在客观上造成了社会阶级分化的客观事实，就如恩格斯在《家庭、私有制和国家的起源》一书中所描述的那样，"它破坏生产和占有的共同性，它使个人占有成为占优势的规则，从而产生了个人之间的交换"①。也就是说，生产资料私有制成为社会中所普及开来的生产关系形式，每个人都因占有一定的生产资料而相应地拥有在其基础上所产生的劳动产品。这一经济规则的好处自然是不言而喻的，但它带来的急需解决的问题就是，个体所制造的劳动产品只能局限在自己所熟悉的或被分工到的狭小领域中。通过这种劳动模式所精工细作出来的产品虽然质量更好，但也只能满足生产者的某种生活需求，个体劳动者只有交换到他人所生产的其他各类产品才能满足自身的多方面需要。

进一步说，对于广大劳动者而言，社会分工的广泛发展一方面让他们从经济的初期繁荣中提高了自身的收入水平和生活便利度，另一方面也在某种程度上让他们变成了失去生活自决权的、高度依赖于他人劳动的社会化个人。马克思对此总结道："分工使他们成为独立的私人生产者，同时又使社会生产过程以及他们

---

① 《马克思恩格斯文集》(第4卷)，人民出版社2009年版，第194页。

在这个过程中的关系不受他们自己支配；人与人的互相独立为物与物的全面依赖的体系所补充。"①在马克思看来，社会分工使得那些原来仅靠自己就能过活的"全能型"新手变成了依赖他人才能生存的"专能型"行家。从总体上来看，这反映了一种深刻改变人类生活方式的经济进步趋向。在社会大分工之前，广大劳动者一般都是依靠集体所拥有的生产资料创造出维持生存的各类"劣质"生活资料，紧密团结在一起的他们凭借貌似"无所不能"的本领活跃于各个生产领域，但这实质上暴露了整个社会生产力水平的低下和经济发展程度的落后；在社会大分工之后，集体劳动分化成以个体劳动为主的生产形式，每一位独立的劳动者因自身能力有限只能专攻某一个狭小的生产行当。他们必须依靠和多人交换劳动产品才能维持自己的生存需要，高度分化的他们在生活自决权受损后似乎很难抵御来自行业外的各项冲击，但这却带来了生产力水平的提升和经济的进一步繁荣。就这样，依赖个体劳动而生活的模式日渐瓦解，人与人之间的产品交换开始日趋频繁，人类社会的发展即将跨越自然经济这个低水平阶段，新的经济发展形态以及新的经济阶层也将随之产生。

从自然经济阶段向简单商品经济过渡的发展要求在社会上促生出一个新的阶级，它在社会经济发展体系中的地位和作用都较为特殊，就如恩格斯所说："这里首次出现一个阶级，它根本不参与生产，但完全夺取了生产的领导权，并在经济上使生产者服从自己。"②社会上人与人之间开始频繁交换各自的劳动产品，这一趋势在客观上迫切需要有中间人来连接具有不同生活需求的生产者，以便相对快速便捷地促成他们之间的交换活动。不从事劳动但连接生产者的商人就这样应运而生了，他们因置身于生产过程之外而不必承受繁重的体力劳动，却凭借自身的中介作用以及日益增加的财富逐步控制了生产过程。商人们自诩为社会分工体系中连接不同生产者的不可或缺的中间环节，大谈他们不仅免去了劳动者在完成生产后还要操心交换劳动产品的劳碌，而且加速了劳动者出售劳动产品的规模和

①　《马克思恩格斯全集》(第 44 卷)，人民出版社 2001 年版，第 129 页。
②　《马克思恩格斯文集》(第 4 卷)，人民出版社 2009 年版，第 185 页。

速度，却闭口不提自己在这一过程中通过吃差价所造成的对于生产者的间接剥削。随着简单商品经济阶段向发达商品经济阶段的进一步发展，商人阶层随着身家财富的日益膨胀而逐步发展为封建主义国家中不可小觑的有生力量，他们自然不再只满足于赚取作为中间人的一些佣金或差价，而是要谋求占据更多的生产资料以便控制整个生产过程。

资产阶级就是在这样的发展过程中从商人阶层逐步转化而来，其一经形成就充分利用自己的经济影响力来创造确立资本主义生产方式的各种所需条件，而其中最所需的要素就是对于生产资料的控制权。马克思一针见血地指出："我们已经知道，剥夺人民群众的土地是资本主义生产方式的基础。"[1]作为资本这一经济范畴的人格化代表，资产阶级在资本增殖的本性支配下运用各种手段剥夺普罗大众所拥有的生产资料。历史事实无可辩驳地证明，资本原始积累的过程是完全违背正义原则的，它对内通过暴力手段剥夺农民阶级的土地以及没落贵族的私有财产，就如马克思所说的那样，"在真正的历史上，征服、奴役、劫掠、杀戮，总之，暴力起着巨大的作用。……原始积累的方法决不是田园诗式的东西"[2]。对外则是通过侵略战争掠夺他国民众的集体财富，从而逐步加速货币资本的积累。显然，资本的原始积累实质上就是对广大底层劳动者的残酷掠夺，并在客观上直接导致丧失生产资料的农民、小手工业者等彻底变为无产阶级，他们因失去赖以生存的土地而四处艰难求生。与此形成鲜明对比的是，资产阶级则借此将生产资料集中到自己手中，并在囤积大量生产资料的基础上将其转化为资本。无产阶级与资产阶级的阶层分化就此正式形成。

对于资本的原始积累过程，马克思充满愤懑地评价道："那么，资本来到世间，从头到脚，每个毛孔都滴着血和肮脏的东西。"[3]资本存在的使命就是持续不断地完成自身增殖，但其本身没有自动创造价值的功能，于是只能依附于其范畴人格化后的资本家来完成这一"使命"。但资本家作为置身于劳动过程之外的群体

---

①　《马克思恩格斯全集》(第44卷)，人民出版社2001年版，第880页。

②　《马克思恩格斯全集》(第44卷)，人民出版社2001年版，第821页。

③　《马克思恩格斯全集》(第44卷)，人民出版社2001年版，第871页。

同样是不生产财富的，他只能通过资本主义生产方式之下的雇佣劳动剥削无产阶级才能实现资本增殖。资产阶级在利益驱使之下早就将所谓的正义原则抛之脑后，它的"缜密"计划就是务必要剥夺个体劳动者赖以生存的生产资料，然后迫使这些无产阶级"心甘情愿"地待在"血汗工厂"里遭受剥削和压榨。就这样，资产阶级正式开启了针对广大劳动者的血腥且肮脏的掠夺过程，还试图将其虚构和美化成符合自然规律的正义性进程。

二、资本原始积累所造成的三大集中趋势

为了尽快确立资本主义生产方式，资产阶级急需改变封建主义国家中生产资料和人口的分散状态。在他们看来，如果不能将全社会的人力、物力集中到资本主义工厂之中，社会化大生产就无从谈起，更不要提代表本阶级利益的生产方式的形成和巩固。当然，资产阶级这么做的终极目的还是让社会财富集中在自己手中，只不过是借助社会化大生产的方式来更好地实现这一目标。就这样，资产阶级通过各种无所不用其极的非正义手段逐步推进资本的原始积累，并取得了"令人瞩目"的结果，马克思恩格斯在《共产党宣言》中这样描述道："资产阶级日甚一日地消灭生产资料、财产和人口的分散状态。它使人口密集起来，使生产资料集中起来，使财产聚集在少数人的手里。"①不难看出，资本的原始积累在资产阶级的大力推动下"成功"地促成了"环环相扣"的三大集中趋势。

（一）生产资料集中在资产阶级手中

第一大趋势就是生产资料的集中，这也是资本原始积累的首要目标。如果没有生产资料的集中，自然就不会有因丧失生产资料而集中涌入城市谋生的海量劳动者，更不可能有因剥削劳动者而带来的资产阶级个人财富的聚集。资产阶级想方设法地将生产资料集中在自己手中，从而为资本主义生产过程的开启奠定了前提条件，就如马克思所说："资本主义的生产方式和积累方式，从而资本主义的

---

① 《马克思恩格斯文集》(第 2 卷)，人民出版社 2009 年版，第 36 页。

私有制，是以那种以自己的劳动为基础的私有制的消灭为前提的，也就是说，是以劳动者的被剥夺为前提的。"①显而易见，原本拥有生产资料的劳动者完全可以凭借自主性劳动养活自己及家人。尽管个体劳动生产效率确实很低，但好在他们既能按照自己的习惯或喜欢的劳动方式自主安排生产进程，又能"天经地义"地占有自己所生产的全部劳动产品。然而，在他们的生产资料被掠夺之后，他们就彻底丧失了自主生存的可能性，这同时意味着他们日后只能靠向占据生产资料的资本家出卖自身劳动力才能维持基本生存。

如上所述，资产阶级通过各种手段将原本分散在民众手中的生产资料揽入自己名下，为下一步完成人口集中做好了前期准备，马克思对这一趋势也作过评价："但是首要的因素是：大量的人突然被强制地同自己的生存资料分离，被当作不受法律保护的无产者抛向劳动市场。对农业生产者即农民的土地的剥夺，形成全部过程的基础。"②显而易见，对于一心开启资本主义生产过程的资产阶级而言，最首要的任务就是要完成生产资料的集中。为了完成这一目标，资产阶级毫不犹豫地撕掉"正义使者"的外衣，强行剥夺广大农业生产者所拥有的土地。自封为"正义"象征的资本主义国家不仅对此毫不作为，而且对于破产后的农民也没有提供任何制度层面的保障，任由这些劳动者在丧失生产资料后沦为无依无靠的无产者，最终只能涌入城市去出卖自己的自由劳动力。与此同时，资产阶级还用尽浑身解数"掠夺教会地产，欺骗性地出让国有土地，盗窃公有地"③，也就是将一切能够得到的土地尽数收入囊中。不难看出，尽可能地集中生产资料就是资产阶级确立资本主义生产方式的"生命线"，完成这一目标不仅能为资本主义生产方式下的社会化大生产提供工业基础，而且还为本阶级在日后的生产和分配过程中占据绝对主导地位奠定财力基础。为此，他们不惜和本阶级之外的、拥有生产资料的其他所有阶级展开争夺。

对于资产阶级而言，生产资料的集中还间接为他们出售由工人阶级所创造的

---

① 《马克思恩格斯全集》(第 44 卷)，人民出版社 2001 年版，第 887 页。
② 《马克思恩格斯全集》(第 44 卷)，人民出版社 2001 年版，第 823 页。
③ 《马克思恩格斯全集》(第 44 卷)，人民出版社 2001 年版，第 842 页。

大量商品开拓出消费市场，马克思这样解释道："一部分农村居民的被剥夺和被驱逐，不仅为工业资本游离出工人及其生活资料和劳动材料，同时也建立了国内市场。……只有消灭农村家庭手工业，才能使一个国家的国内市场获得资本主义生产方式所需要的范围和稳固性。"①也就是说，广大农民在被剥夺生产资料之前依靠自己的田间劳作就能生产出各种生活资料和消费资料，在一般情况下无须和他人交换劳动产品就可以过上自给自足的生活。然而，广大农民一旦失去土地就意味着传统意义上的、以家庭为单位的农业生产模式被彻底摧毁，他们所需要的生活资料和消费资料都只能在市场上通过交换而得，这就硬性制造出一个原本不存在的庞大的消费群体，从而在一定程度上拓宽了资本主义国家的消费市场。

(二)劳动人口集聚在资产阶级开设的工厂中

第二大趋势就是人口的集中。如前所述，原本分散在广袤农村里的广大农民在遭受"羊吃人""圈地运动"等各类掠地运动洗劫后几近破产，丧失生产资料的他们只能纷纷涌入城市寻找工作机会来维持基本生存。除此之外，封建贵族的扈从人员、乡镇里的小手工业劳动者等也因为封建制度的崩溃而失去生计，他们也先后来到城市中四处寻觅生存可能。在这种城乡人员急剧流动的大环境下，拥有各类生产工厂的城市里集中了大量急需出卖劳动力换取报酬的破产农民、手工业者以及其他类型的谋生者。人数之多甚至使得市场上的劳动力商品供过于求，资本家只需支付低廉的工资就能雇佣到开启工厂生产所需要的足量工人。就这样，城市中大量集中的自由劳动者为资本主义生产的开启提供了最为基本的要素，资本家经过整合将生产资料打造成开启工厂生产的"死劳动"资源，再加上已经在市场上购买到足够多的廉价"活劳动"资源，现在只要通过"死劳动"持续不断地吮吸"活劳动"，就可以源源不断地创造出大量的劳动产品。马克思对此评价道："人数较多的工人在同一时间、同一空间(或者说同一劳动场所)，为了生产同种

---

① 《马克思恩格斯全集》(第44卷)，人民出版社2001年版，第857页。

商品，在同一资本家的指挥下工作，这在历史上和概念上都是资本主义生产的起点。"①在马克思看来，资本主义生产的起点就是将大量的廉价劳动力集中到资本家所开设的各类工厂中，只有这样才能消灭低效率的、分散的个体劳动状态，然后在相对成熟的生产技艺、机械装备的生产线基础上统一组织和管理一线生产工人，以此迅速地提升劳动生产率并制造出大量劳动产品。

(三)社会财富集聚在资产阶级名下

最后一个趋势就是财产的集中，只不过这种集中仅仅是聚拢在少数资产阶级手中，这是资产阶级结合前面两大集中趋势所推进的最终结果。资产阶级通过资本的原始积累既掌握了生产资料，又向市场上抛入了大量的随时可以购买到的劳动力资源，为开启资本主义生产活动做好了前期准备。接下来就是资本家组织和监督工人进行生产劳动的过程。在工人阶级创造出大量劳动产品后，资本家根据符合"正义"精神的契约支付给劳动者勉强维持基本生存的劳动报酬，就"顺理成章"地将全部产品据为己有，并通过流通领域将这些商品兑换成内含剩余价值的货币，从而持续不断地实现资本增殖和财富积累。就这样，资产阶级在19世纪40年代借助工业革命在西欧主要封建主义国家迅速推进的"东风"，逐步用简单协作和机器工业取代了以农民手工劳动为基础的个体小生产，持续不断地将原本分散在劳动者手中的生产资料、生存资料和个人财富集中在本阶层名下，在不断摧毁封建主义经济制度的同时逐步确立了资本主义生产方式，并依靠残酷的剥削和压榨工人阶级而大发其财。

三、劳动者与劳动条件的分离是资本主义生产过程得以开启的起点

资本主义生产方式确实在客观上解放了受到封建主义生产关系束缚的生产力，它通过集中物力和人力的社会化大生产模式来大规模制造产品，切实有效地提升了社会生产力水平，就如马克思恩格斯所说，资本主义社会所创造的生产力

---

① 《马克思恩格斯全集》(第44卷)，人民出版社2001年版，第374页。

"比过去一切世代创造的全部生产力还要多，还要大"①。这是资本主义生产方式所产生的积极作用，也是资产阶级一直用来自我标榜历史贡献性和行动正义性的所谓事实论据。但是，我们更要看到的负面后果是，这一进程所造成的沉重代价就是建立起以剥夺广大劳动者的生产资料为前提、从而迫使他们终身参与出卖自身劳动力的雇佣劳动模式，马克思对此总结道："所以，劳动产品和劳动本身的分离，客观劳动条件和主观劳动力的分离，是资本主义生产过程事实上的基础或起点。"②如前所述，资本主义生产过程的开启离不开生产资料的集中和市场上涌入的大量自由劳动力这两大前提要素，而这两者之所以同时出现就是拜资本的原始积累运动所赐。这一血腥的积累过程最终迫使具有主观劳动意愿的劳动者失去了客观事实上的劳动资料，以至于他们只能靠压抑原本自由自觉的劳动本性和资本家签订出卖自身劳动力的所谓正义性合同，"约定"以获取工资的方式全权出让由自己亲手创造的劳动产品，资本主义生产过程得以开启的全部前提条件就此得以准备齐全。

(一)劳动者与劳动条件相互分离的具体表现

从资本的原始积累可以清晰地看出，资本主义生产过程得以确立的关键就是要完成劳动者和劳动条件的分离，而这种分离具体表现为，"要在一极使社会的生产资料和生活资料转化为资本，在另一极使人民群众转化为雇佣工人"③。在资本主义生产过程确立之前，广大劳动者所拥有的生产资料和生活资料主要是用来开展自主性劳动以及满足各类生活需求，它们都不可能为劳动者带来不断增长的利润。但当绝大部分的生产资料和生活资料被资本家占据后，它们的原始功能也发生了改变，从劳动者的自主性生存手段变成了资本家财富积累的工具。与此同时，丧失生产资料的劳动者被迫成为市场上的人力商品，只能靠在雇佣劳动体

---

① 《马克思恩格斯文集》(第2卷)，人民出版社2009年版，第36页。
② 《马克思恩格斯全集》(第44卷)，人民出版社2001年版，第658页。
③ 《马克思恩格斯全集》(第44卷)，人民出版社2001年版，第870页。

系中出卖自身劳动力来换回低廉的维持生计的劳动报酬。

展开来说，资本主义生产过程的确立起始于两大以剥夺为实质的形式上的分离：第一是剥夺了劳动者原本所实际拥有的生产资料和生活资料，进而迫使其放弃原本自由自觉的主体性劳动，并开始从事由资产阶级所把控的异化劳动；第二是剥夺了生产者对于自身劳动产品的掌控权，并迫使其以获得工资回报这种形式全部让渡给资产阶级。就这两大剥夺而言，前者是后者的前提和基础。恩格斯在《社会主义从空想到科学的发展》一书中对此总结道："因为在资本主义社会里，生产资料要不先变为资本，变为剥削人的劳动力的工具，就不能发挥作用。"①在恩格斯看来，生产资料原本是个体劳动者用以维持基本生存的物质保障，它在功能上服务于个人生活而不是资本增殖。但是在资本原始积累的过程中，生产资料被资产阶级集中转化为发家致富的前期资本，进而沦为被其所利用的、剥削工人阶级的"称手"工具。资产阶级正是利用对于生产资料的绝对占有权，一方面将丧失生产资料的广大农民、小手工业者、封建贵族的扈从等群体转变成一无所有的贫困阶层，这些人除了出卖自身劳动力之外没有任何赖以谋生的手段，只能进入资产阶级所设置的雇佣劳动体系中才能勉强过活；另一方面资产阶级因占据生产资料而在财富分配过程中拥有绝对话语权，他们除了按照合同约定给予工人少量劳动报酬之外，"坦然"地将出售产品所换回的全部货币据为己有。换而言之，劳动者与劳动条件分离后的结果是显而易见的。资产阶级在通过各种手段占据了绝大部分生产资料和生活资料后，随即就会将这些生产资料转化为用于开启生产过程的生产资本。资产阶级正是通过使用这些"死劳动"来尽可能高强度地吮吸和压榨"活劳动"，从而"督促"工人阶级制造出尽可能多的、包含着剩余价值的劳动产品，也就是可以用来交换的商品资本，进而通过流通领域将其兑现为增殖后的货币资本，"成功"地实现资本增殖和财富积累。

(二)劳动者与劳动条件相互分离趋势的进一步固化

在劳动者和生产资料的分离初步形成之后，马克思又进一步预判道："资本

---

①　《马克思恩格斯文集》(第3卷)，人民出版社2009年版，第557页。

关系以劳动者和劳动实现条件的所有权之间的分离为前提。资本主义生产一旦站稳脚跟，它就不仅保持这种分离，而且以不断扩大的规模再生产这种分离。"①如前所述，劳动者在被强行剥夺生产资料之后只能依靠向资本家出卖劳动力为生，这是资本主义生产过程得以开启的非正义性前提。就这样，广大个体劳动者在成为雇佣工人后依靠辛勤劳作创造了大量的社会财富，但这只是为资本家的财富积累"添砖加瓦"，他们自身依然处于相对贫困的生存状态中。工人阶级在遭受残酷的剥削和压榨之后也曾试图组织各种运动来为自身争取权益，但总是因缺乏科学的行动指南而难以抵御资产阶级的"强力"反扑。尽管抗争运动面临重重困难，但工人阶级绝不能因此而轻易放弃阶级斗争这一最为重要的革命措施，更不能"奢望"资本主义生产方式会因自身的非正义性而在短期内自行衰亡。反之，他们应该要清醒地意识到，资本主义生产过程得以奠定的前提就是通过剥夺劳动者的生产资料而迫使他们签订用劳动产品换取工资的雇佣合同。资产阶级自然不会主动放弃这一根本手段，他们只有把生产资料牢牢地把控在自己手中，才能一方面保证市场上始终具有大量急需谋生的自由劳动者，另一方面确保自己在分配财富的过程中依据所谓的正义合同拿走工人所创造的全部劳动产品。不仅如此，资产阶级还会在资本谋求持续增殖的本性驱使下不断地扩大生产和再生产，也就是会持续巩固和加强劳动者和劳动条件的分离，企图以此维持资本主义生产过程的"永续"不断。

　　资产阶级如果想要在社会中进一步固化劳动者和劳动条件的分离趋势，除了前期通过资本的原始积累将生产资料集中在本阶层手中外，他们还需要推进雇佣劳动模式在社会生活中的逐步普及。尽管资本的原始积累已经在最大程度上剥夺了广大劳动者的生产资料，但它并不可能完成所有劳动者与劳动条件的彻底分离，总归还有少量的生产资料留存在少数劳动者手中。也就是说，并非所有的劳动者都必须要进入资本主义生产过程所依托的雇佣劳动模式中。在资本的原始积累活动业已结束后，广袤的农村和乡镇里依然有一些拥有一定生产资料的农民和

---

① 《马克思恩格斯全集》(第44卷)，人民出版社2001年版，第821~822页。

49

小手工业者，他们坚强地依赖自己的个体劳动维持生计，偶尔参与城市里的工厂劳动只是用来补贴生活的一种临时性副业。然而，随着资本主义社会化大生产的逐步蔓延，这部分个体劳动者所产出的劳动成果无论从质量上，还是从数量上来说都远逊于工厂所制造的标准化产品，自然也就无法顺利地在市场上找到销路。鉴于这种情况，原来仅存的少量个体劳动者也不得不出让自己的生产资料并加入雇佣劳动模式，就如恩格斯所说："集中在资本家手中的生产资料和除了自己的劳动力以外一无所有的生产者彻底分离了。"①至此，资本主义生产过程得以在西欧几个率先完成工业革命的国家正式确立下来，集中开设在城市中的资本主义工厂成为失去生产资料的广大劳动者的主要谋生去处，雇佣劳动模式也随之在资本主义国家中普及开来。

总之，资产阶级通过资本的原始积累在封建主义社会中制造出数量庞大的失去生产资料、迫切需要通过出卖自身劳动力来谋生的"自由"生产者，并强行造成了劳动者和劳动条件的相互分离，这种有违正义的行动为资本主义生产过程的展开创造了前期条件。资产阶级随后还在持续巩固劳动者和劳动条件相分离的基础上，通过雇佣劳动模式占据了工人阶级所创造的全部劳动产品，并通过交换这些劳动产品不断地实现资本增殖。至于工人阶级在雇佣劳动模式下所呈现出的异化状态，则不在"大发横财"的资产阶级的关心行列。

第二节　资本主义社会生产过程的非正义性

劳动者与劳动条件的彻底分离奠定了资本主义生产过程得以开启的基本前提，而一旦资产阶级借此在社会经济生活中推广雇佣劳动模式后，身处其中的工人阶级就将不可避免地呈现出异化劳动的态势。对于资本主义生产过程中的这种非正义现象，马克思在《1844年经济学哲学手稿》一书中作了极为经典的揭露，即工人阶级在生产过程中"同自己的劳动产品、自己的生命活动，自己的类本质

---

① 《马克思恩格斯文集》(第3卷)，人民出版社2009年版，第551页。

相异化的直接结果就是人同人相异化"①。显而易见，工人阶级在承受了四大层面的异化劳动后完全丧失了自身的主体性，彻底沦为被资产阶级所奴役的用于资本增殖的工具人。不可辩驳的是，资本家在资本主义社会生产过程所实施的组织、管理和监督等一系列操作的根本目的都是实现资本增殖，在实质上造成了对于广大劳动者人性的压抑和主体性的摧毁，这一过程显然有悖于他们所标榜的正义原则。

总而言之，工人阶级所遭受的不公待遇可不只是这一阶级的个别遭遇，它其实是整个人类社会中被压迫群体的典型表现。资本主义社会在前所未有地提升了整个社会的生产力水平以及财富总量的同时，也给生活在其中的广大劳动者造成了难以忍受的残酷压榨，而且这种压迫还随着资本对外扩张逐渐波及整个世界。可以说，工人阶级在资本主义生产过程中所承受的异化劳动不仅仅是其遭受资产阶级奴役的有力证明，更是整个人类社会中统治阶级压制被统治阶级的具象化呈现，马克思为此指出："其所以如此，是因为整个的人类奴役制就包含在工人对生产的关系中，而一切奴役关系只不过是这种关系的变形和后果罢了。"②马克思恩格斯反复强调，解放人类实质上就是解放无产阶级，因为后者所遭受的"特殊性"压榨其实是前者不可回避的"普遍性"问题，解放前者实质上就是同时解放了后者。异化劳动是身处资本主义生产过程中的工人所呈现出的生产状态，这一被剥削和压榨的典型表现已然成为人类社会中其他奴役关系的标志性缩影。从根源上看，劳动是整个人类社会维持生存和发展的基本前提，没有任何一个国家和民族会在放弃劳动后还能继续存活。然而，在资本主义生产过程开启于欧洲并向全世界辐射后，西欧资本主义国家"血汗工厂"里的异化劳动形态已经成为全世界劳动者都必须要面对和防范的共性桎梏。也就是说，工人阶级在资本主义生产过程中被资产阶级所奴役的这种关系是人类社会中一切奴役关系的源头。工人阶级因为丧失生产资料而被迫向占据生产资料的资产阶级出卖自身劳动力，以至于进入

---

① 《马克思恩格斯文集》(第 1 卷)，人民出版社 2009 年版，第 163 页。
② 《马克思恩格斯文集》(第 1 卷)，人民出版社 2009 年版，第 167 页。

以榨取剩余价值、实现资本增殖为根本目的的资本主义生产过程，紧接着又因为长期承受异化劳动的限制而逐步丧失自己的主体性。就这样，资本主义社会生产过程的非正义性在资本家对工人的奴役关系中暴露得淋漓尽致，具体表现为四个层面的异化劳动。

一、工人阶级在生产过程中与自身的劳动产品相异化

资本主义生产过程从形式上看只是通过社会化大生产的形式量产各类劳动产品，但从实质上看就是在尽可能地制造数量庞大的、有待出售的已完成价值增殖"使命"的商品资本，最后再通过交换其使用价值来兑现已经凝结在商品中的剩余价值。一言以蔽之，资本主义生产"大道"就是一条"只见物不见人"的逐利之路，在这种以资本增殖为根本目的的生产过程中，工人阶级不可避免地先后与劳动对象以及劳动产品发生异化。此处需要区分的是，劳动对象指的是工人阶级在劳动过程中所占有的自然资源或生产资料，而劳动产品则是指工人阶级通过劳动所生产出来的对象，前者是后者得以产生的物质基础，后者是前者被对象化的结果。但不管是劳动对象还是劳动产品，这些原本属于劳动者掌握范围内的存在物在资本主义生产过程中被非正义地颠倒了，它们反倒成为削弱工人阶级主体性的掌控物。

（一）工人阶级与劳动对象相异化

广泛地占有劳动对象是工人阶级从事生产劳动的先决条件，而资本主义生产过程中的劳动对象主要指的就是被资产阶级所控制的各类生产资料和生活资料。追根溯源的话，这些对象原本属于广大劳动者曾经占有过的自然资源。在资本主义生产方式确立之后，失去一切劳动对象的工人阶级已然丧失了通过制造劳动产品完成自主生活的可能性，他们只能依赖资本家的"鼎力相助"——主要就是提供生产资料——才能从事原本可以自主完成的生产劳动，只有这样才能制造出可以为自己换回劳动报酬的劳动产品，进而才能用这些微薄的工资买回自己所需要的生活资料。不难看出，在这种生产过程中，工人阶级已经和劳动对象之间发生了

异化，他们只能依靠由异己力量提供的不归自己所有的生产资料才能维持生存，这样的劳动对象显然已经反过来对他们进行控制。对于这种主客颠倒的情态，马克思这样总结道："因此，工人越是通过自己的劳动占有外部世界、感性自然界，他就越是在两个方面失去生活资料：第一，感性的外部世界越来越不成为属于他的劳动的对象，不成为他的劳动的生活资料；第二，感性的外部世界越来越不给他提供直接意义的生活资料，即维持工人的肉体生存的手段。"①也就是说，工人阶级越是辛勤劳作，就越是丧失对于生活资料的自主权。这种反常识的现象实际上就是非正义的异化劳动所导致的结果，而劳动对象完全被资产阶级所占据则是产生这一悖论的事实根源。真正从事生产劳动的劳动者却没有属于自己的劳动对象，而置身于生产过程之外的资产阶级却霸占着一切劳动对象，任何一个劳动者在这种非正义情境中也只能悲叹"巧妇难为无米之炊"。更何况，失去劳动对象的工人阶级丢掉的不仅仅是自主劳动的权利，他们还要面临无法独立自主地维持肉体生存的窘迫问题，以至于只能向拥有劳动对象的资产阶级出卖劳动力才能勉强谋生。工人阶级就是在这种困境下被迫加入资本主义"血汗工厂"的雇佣劳动体系，他们为了开展劳动而"占有"的劳动对象全部都是由资产阶级所提供的，而他们"重获"生产劳动权的代价就是"主动"和资产阶级签订所谓的正义契约，即通过全权让渡自己所创造的劳动产品的方式换回维持基本生存的劳动报酬。在这样的劳动模式中，工人阶级制造的劳动产品越多，就意味着资产阶级所能占据的包含着剩余价值的商品资本越多，后者通过市场交换而能掌握的货币资本越多，其对生产资料和生活资料的掌控范围和掌控力度也就越发广泛和巩固。在这种恶性循环中，工人阶级越来越没有可能拿回原本归自己所有的劳动对象，他们劳动得越多，反而导致越来越受由资产阶级所占有的劳动对象的异化把控。

　　进一步地说，作为资本主义生产过程中的"活劳动"，工人阶级需要占有资本家所提供的"死劳动"才能对象化出劳动产品。然而，工人阶级对于生产资料的这种占有只不过是将其用作自身劳动的对象，本质上属于因开启异化劳动而达成的

---

①　《马克思恩格斯文集》（第 1 卷），人民出版社 2009 年版，第 158 页。

暂时性表面拥有，这种"活劳动"与"死劳动"的结合根本上是为资本家积累财富而发起的生产过程。因此，就如马克思所说："我们已经看到，对于通过劳动而占有自然界的工人来说，占有表现为异化，自主活动表现为替他人活动和表现为他人的活动，生命的活跃表现为生命的牺牲，对象的生产表现为对象的丧失，即对象转归异己力量、异己的人所有。"①在马克思看来，资本主义生产过程形式上就是工人阶级通过改造劳动对象制造出劳动产品的过程。从逻辑上来推断，改造劳动对象的前提肯定就是占有劳动对象，然而从现实中来看，工人阶级正是因为丧失劳动对象才被迫进入生产过程的，这就不可避免地产生了难以调和的矛盾。换而言之，工人阶级在资本主义生产过程中对于劳动对象的占有是以放弃劳动对象为前提的，前一种劳动对象是归属于资产阶级的生产资料，所谓被工人占有不过是形式上的暂时运用而非实质上的拥有，而后一种劳动对象原本归属于广大劳动者，所谓被工人放弃属于实质上的被掠夺而非形式上的主动让渡。工人阶级占有对象的过程形式上就是运用生产资料展开劳动的过程，如果此时的劳动是按照工人自己的规划所进行的自主性劳动，那么这一过程就是劳动者和劳动对象完美融合的一种展现，也是劳动本真状态的一种具象化呈现。然而，如果从生产结果来倒推的话，工人阶级在生产过程完成后是要将自己所创造的劳动产品拱手相让给资本家的，那么他在这一过程中对于劳动对象的形式化占有无时无刻不是在替资本家开展实质性拥有的活动。可见，工人阶级在生产过程中不仅免去了资本家的劳作之苦，而且要将劳动成果转让给资本家。这无可辩驳地证明了工人阶级对于劳动对象的占有是表面上的拥有和实质上的丧失，这种占有是与工人相对立的异己力量掌控劳动对象所有权的"另类"展现。

（二）工人阶级与劳动所生产的对象相异化

劳动产品作为劳动所生产的对象既是工人阶级作用于劳动对象的结果，又是资产阶级用以交换货币资本的商品资本，这两重"身份"之间的根本性偏差就在

---

① 《马克思恩格斯文集》(第 1 卷)，人民出版社 2009 年版，第 168 页。

于，劳动产品虽然是工人阶级的劳动成果但却归属于不事生产的资本家所有。这一点也在根本上反映了资本主义生产过程的非正义性，从事实际生产劳动的工人阶级被迫拱手将自己的劳动成果让渡给置身于生产过程之外的资产阶级，而工人阶级之所以要将通过劳动所生产的对象交给资产阶级恰恰是因为后者利用掠夺前者的劳动对象而签订的合同所致，后者的收益本质上属于一种受到所谓正义性契约保护的非正义性经济权益。当然，对于工人阶级而言，他们不但和自己所生产的劳动产品之间只有交互作用却无任何所有权归属关系，而且为了维持生存还不得不持续不断地生产这种完全不归自己所有的劳动产品，其中所发生的异化现象还是非常明显的，马克思对此总结道："劳动所生产的对象，即劳动的产品，作为一种异己的存在物，作为不依赖于生产者的力量，同劳动相对立。"①也就是说，作为由劳动者生产但却不归属于劳动者的对象化产物，劳动产品和劳动者之间发生了一种相互对立的关系，这是对正常生产过程中两者之间统一关系的歪曲和颠倒。在资本主义生产方式确立之前，广大劳动者因为拥有劳动对象而"天经地义"地占有自己通过改造劳动对象而产生的劳动产品，而当他们丧失劳动对象后，他们只能依靠资产阶级所提供的劳动对象才能重获改造劳动对象的可能，但为此付出的代价则是出让生产过程中所产出的劳动产品。劳动者和劳动产品之间的关系从统一异化成对立，而且这种对立关系具体表现为劳动者被自身的劳动产品所掌控。

展开来说，工人阶级在资本主义生产过程中与劳动对象的关系发生了两重变化。就开展一般条件的生产劳动过程而言，劳动对象就是工人在劳动中所加工的生产资料，它只是工人为了制造产品而必须要面对的物质或精神材料。但就谋求价值增殖的资本主义生产劳动过程而言，生产资料已然成为吮吸工人"活劳动"的生产资本。资产阶级借此"把工人当作自己的生活过程的酵母来消费"②，通过持续攫取他们的剩余价值来谋求资本增殖。这种两重变化也导致了资本主义生产过

---

① 《马克思恩格斯文集》(第 1 卷)，人民出版社 2009 年版，第 156 页。
② 《马克思恩格斯全集》(第 44 卷)，人民出版社 2001 年版，第 359 页。

程中的管理内容具有二重性，其中既包括了按照正常生产流程实施的组织管理工作，又额外加设了正常生产流程本不该包括的、监督和驱使工人竭力完成价值增殖过程的强制手段，尤其是后者已经"远远超过了以往一切以直接强制劳动为基础的生产制度"①。资本家因为具有占据生产资料和生活资料的"先行"优势，从而无所顾忌地迫使工人阶级接受残酷的异化劳动。

综上所述，工人阶级在资本主义生产过程中所承受的非正义遭遇使得他们被自身的劳动产品所掌控，马克思精辟地总结了这一现象："凡是成为他的劳动的产品的东西，就不再是他自身的东西。因此，这个产品越多，他自身的东西就越少。"②资产阶级凭借占有劳动对象的"先行"优势而相应获得了占据劳动产品的特权，他们为此支付的最高"代价"不过是维持工人基本生存的最低工资，而工人阶级则因此彻底失去了对于劳动产品的所有权。在工人阶级所从事的漫长且艰苦的生产过程中，劳动产品一经形成就完全和他们脱离关系，劳动产品被工人打造成型和工人失去劳动产品是在同一时刻发生的。这就意味着，劳动产品生产得越多，资产阶级所拥有的商品资本就越多，他们能从商品兑现为资本的过程中攫取的利润就越多，这样他们能够掌握的生产资料以及雇佣工人就越多。反之，工人阶级尽管承担了更多劳动量，但失去的劳动产品与此同时也越多，遭受剥削和压榨的程度也就越深，就如马克思所说，"而且越受自己的产品即资本的统治"③。就这样，工人阶级在资本主义生产过程中先后发生了与劳动对象以及劳动所生产的对象之间的异化，这种非正义现象属于资产阶级借助所谓"正义"合同对工人阶级展开大肆剥削后造成的结果。

二、工人阶级在生产过程中与自身的生命活动相异化

劳动原本是人在生产过程中所展开的一种自由且自觉的主体性活动。劳动者在改造劳动对象的活动中按照自身意愿将行动能力付诸实践，而当劳动产品被制

---

① 《马克思恩格斯全集》(第44卷)，人民出版社2001年版，第359页。
② 《马克思恩格斯文集》(第1卷)，人民出版社2009年版，第157页。
③ 《马克思恩格斯文集》(第1卷)，人民出版社2009年版，第157页。

造出来后，他会因自身的尊严和价值得到充分肯定而体会到劳动所带来的幸福和快乐。然而，这种理想化的劳动状态在资本主义社会中已经被彻底摧毁了，工人阶级在资本主义生产过程中与劳动对象和劳动所产生的对象都发生了异化。从逻辑上来反推的话，既然劳动产品是和劳动者相对立的异化结果，而"产品不过是活动、生产的总结"①，那么产生这一结果的劳动活动本身自然也就先行处于异化状态中。

　　工人阶级在资本主义生产过程中所承受的生产劳动是一种异己性活动，它根本不符合工人阶级的意愿，也不受工人阶级的掌握，不过是他们为了维持生存不得已而为之的强迫性劳动，马克思对此总结道："工人自己的体力和智力，他个人的生命——因为，生命如果不是活动，又是什么呢？——是不依赖于他、不属于他、转过来反对他自身的活动。"②在马克思看来，广大劳动者的劳动生命本应该展现为将自身的体力和智力付诸生产实践的一种创造性活动。然而，工人阶级在资本主义生产过程中所展现出来的生命力不过是一种"为他人作嫁裳"的被动式消耗活动，这种付出从形式上看确实出自工人阶级真实的生产动作，但从实质上来分析却是违背他们内心真实意愿的异己性活动。也就是说，当劳动者从事违背自身主观意愿的生产活动时，虽然他在谋生需求的压制下只能选择"真刀真枪"地付出体力和智力，但这种劳动在根本上违背了他的真实意愿，不仅不属于他的自主性活动，反倒变成了控制他的异化活动。

　　显然，工人阶级原本具有的本真生命力和他们在资本主义生产过程中表现出来的生命活动之间发生了根本性质上的变化，前者从一种自觉主动的创造性活动沦为后者这种压抑自己为他人所奴役的被迫式劳动，这种转变造成的后果是工人阶级所难以忍受的。展开来说，资本主义生产过程中所需要的劳动时间、劳动强度都是以往社会从未有过的，这对于广大劳动者而言是一个难以躲避的沉重负累。马克思在《哥达纲领批判》一文中指出："整个资本主义生产体系的中心问

---

① 《马克思恩格斯文集》(第 1 卷)，人民出版社 2009 年版，第 159 页。
② 《马克思恩格斯文集》(第 1 卷)，人民出版社 2009 年版，第 160 页。

题，就是用延长工作日，或者提高生产率，增强劳动力的紧张程度等等办法，来增加这个无偿劳动。"①资本家为了尽可能地延长工人阶级从事剩余劳动的时间，自然会想方设法地要么在生产过程中通过延长工作日来攫取绝对剩余价值，要么更为隐蔽地通过采取提高生产率、降低必要劳动时间的方式来攫取相对剩余价值，就像马克思所批判的那样："因此，在一昼夜24小时内都占有劳动，是资本主义生产的内在要求。"②资本主义生产的根本目的是实现资本的持续增殖，资本家为了达成这一目标，哪怕是突破工人阶级从事生产劳动的生理极限和道德极限也毫无顾忌。资本家之所以如此明目张胆地压榨工人的生命价值，根源还是在于他们通过占据生产资料扼断了劳苦大众自主生活的可能性，迫使他们只有依靠出卖劳动力才能维持基本生存，然后凭借雇佣劳动体系购买劳苦大众的劳动力以及劳动产品。就这样，资本主义生产过程中的每一个工作日对于工人阶级而言，都是一个痛苦且漫长的、以丧失可自由支配时间为代价的谋生时段。工人阶级最终沦为替资本家生产剩余价值的人肉"机器"，他们的生命价值"还不如一头役畜"③，只能在生产劳动中承受着肉体和精神的双重折磨。更为可怕的是，资本谋求持续增殖的本性决定了它压根就不在乎工人阶级在劳动过程中的非正义处境，压榨剩余价值是其推进生产的核心索求，因此资本家只会尽可能地保持"生产过程必须是连续不断的"④。只有不间断地压榨和奴役工人阶级的生命活动，资本主义的生产和再生产过程才能无缝衔接，资本才能在生产过程和流通过程中保持循环运转，以免因某一环节的中断而丧失持续增殖的可能。

总之，工人阶级在资本主义生产过程中所担负的是扭曲生命本真价值的异化劳动，这种为了谋生而牺牲幸福和生命价值的强制性劳动实在是令广大劳动者"望而却步"，就如马克思所说："劳动的异己性完全表现在：只要肉体的强制或

① 《马克思恩格斯文集》(第3卷)，人民出版社2009年版，第441页。
② 《马克思恩格斯全集》(第44卷)，人民出版社2001年版，第297页。
③ 《马克思恩格斯文集》(第3卷)，人民出版社2009年版，第70页。
④ 《马克思恩格斯全集》(第44卷)，人民出版社2001年版，第653页。

其他强制一停止，人们就会像逃避瘟疫那样逃避劳动。"①这种异化劳动是劳动者无法长期忍受的，因为劳动已经从自由自觉的主体性活动变成避之不及的强制性负担。造成这一转变的根本原因就是资本对于生产过程的控制，谋求持续增殖的本性使得它除了"赚钱"之外根本不在乎劳动者的本真生命力。工人阶级在资本家的眼中不过是用来攫取剩余价值的工具，后者只会采取一切非正义手段迫使前者从事超长时间的劳动并剥夺他们的劳动产品，丝毫不会考虑工人阶级在这一过程中所发生的和自身生命活动相异化的后果。

三、工人阶级在生产过程中与自身的类本质相异化

如上文所述，工人阶级在资本主义生产过程中和自己的劳动对象相异化，这意味着他们不但失去了属于自己的劳动对象，还反过来被资产阶级所占有的生产资料所支配，当然也就不可能具有和广阔的自然界发生交互作用的普遍性；再者，工人阶级还在资本主义生产过程中和自身的生命活动相异化，这意味着劳动本身对于他们来说不再是实现人生价值的自由和自觉性活动，反而成了一种外在的强制性负担。工人阶级在资本主义生产过程中所发生的这两重异化结合在一起，结果自然会导致他们和自己的类本质相异化。就第三重异化而言，青年马克思曾经在费尔巴哈人本学唯物主义的影响下将人视作类存在物，他这么总结道："人是类存在物……因为人把自身当做普遍的因而也是自由的存在物来对待。"②在马克思看来，人之所以在本质上属于类存在物，根本原因就在于他把包括自身在内的世间万物看作可以自主实践的对象，这其中就包含了涵盖万象的普遍性以及无限活动的自由性两重特征在内。然而，工人阶级作为资本主义社会中遭受压迫和剥削最为深重的一个阶层，他们已经丧失了自身本该具有的普遍性和自由性的类本质。

展开来说，第一，工人阶级因为丧失生产资料而导致自身与外界自然之间的

---

① 《马克思恩格斯文集》(第 1 卷)，人民出版社 2009 年版，第 159 页。
② 《马克思恩格斯文集》(第 1 卷)，人民出版社 2009 年版，第 161 页。

普遍性联结被割裂。之所以有这样的结果，主要是因为资产阶级借助资本的原始积累从广大劳动者手中夺走绝大部分生产资料和生活资料，迫使他们变成一无所有的流浪者，进而变为雇佣劳动体系之下的工人阶级。而对于工人阶级来说，本来整个自然界都是他们精神生活和肉体生活赖以生存的天然基础，他们可以从广泛且普遍的自然资源中获取壮实肉体的物质养料以及陶冶情操的精神食粮，就如马克思所说："所谓人的肉体生活和精神生活同自然界相联系，不外是说自然界同自身相联系，因为人是自然界的一部分。"①对于人这种类存在物来说，他的普遍性主要体现在依靠自然界这个广阔的无机身体扩充自己的活动范围，而且他必须借助和自然界的持续交互作用才能维持自己的肉体生存以及精神满足。然而，在资产阶级利用资本的原始积累强行占据这些自然资源后，广大劳动者就彻底丧失了自身精神生活和物质生活的普遍性对象，他们与自然界之间的联结就此中断。

第二，工人阶级因为承受外在的强制性劳动而丧失了本该在劳动过程中体验到的幸福和自由。劳动原本对于人这种类存在物而言属于一种可自由展开的有意识活动。劳动主体本可以按照自己的需要来规划和安排生产劳动，并且能够从这种活动过程中体会到自由且自觉的主体性，还能凭借所制造的劳动产品充分展示自身活动的价值和意义。然而，在资本主义社会的非正义性生产过程中，工人阶级彻底丧失了这种类本质。他们所从事的异化劳动是按照资本家的组织规划并且在其苛刻的监督之下进行的，为了谋生只能被迫牺牲类存在物所具有的劳动自主性，进而"心甘情愿"地被资本家用作实现资本增殖的工具，马克思对此评价道："异化劳动把这种关系颠倒过来，以致人正因为是有意识的存在物，才把自己的生命活动，自己的本质变成仅仅维持自己生存的手段。"②也就是说，工人阶级在资本主义生产过程中所承受的异化劳动彻底颠倒了生产活动本来的定义，使其从自由自觉性的主体活动颠倒为维持生存的手段。作为类存在物，工人阶级原本可

---

① 《马克思恩格斯文集》(第 1 卷)，人民出版社 2009 年版，第 161 页。
② 《马克思恩格斯文集》(第 1 卷)，人民出版社 2009 年版，第 162 页。

以享有通过自身劳动塑造和安排的自由自觉的类生活，然而当他们失去劳动对象以及劳动产品后，他们所从事的劳动也就发生了根本性质上的变化，其从本真性的生命活动蜕变为手段性的谋生方法。

四、工人阶级在生产过程中与他人相异化

综上所述，工人阶级在资本主义生产过程中发生了与自身的劳动产品、生命活动以及类本质相对立的三重异化，为此付出了拱手相让劳动产品、默默承受强制劳动以及被迫泯灭自由本性等代价。那么，到底是谁站在了工人阶级的对立面，"心安理得"地占有了他们因异化劳动而"贡献"出的各种"果实"？答案当然是显而易见的，马克思恩格斯曾经在《共产党宣言》中明确宣告："整个社会日益分裂为两大对立的阵营，分裂为两大相互直接对立的阶级：资产阶级和无产阶级。"①从广义上来看，资本主义社会的群体可以分为资产阶级和无产阶级这两大阵营，它们之间的关系是相互对立的。资产阶级之所以能够诞生并且逐步壮大，根本原因就在于通过资本的原始积累占据了广大劳动者的生产资料，转而依靠由生产资料转化而来的资本成为整个社会中的食利者阶层。与此相对立的是，资产阶级的迅速崛起及壮大是以广大劳动者的日益式微为代价的，被资产阶级使用各种手段剥夺生产资料的劳动者大多成为涌入城市寻求谋生机会的无产阶级，而且后者的规模随着资本主义生产方式的确立而变得越发庞大。

毋庸置疑，工人阶级因三重异化而产生了与自身的对立，而他们与自身相对立的同时也意味着和在自身之外的群体产生了对立，这个群体当然就是一直和他们处于分裂和对立关系中的资产阶级，马克思对此分析道："凡是适用于人对自己的劳动、对自己的劳动产品和对自身的关系的东西，也都适用于人对他人、对他人的劳动和劳动对象的关系。"②也就是说，工人阶级在和自身的劳动产品、生命活动、类本质发生异化的同时，也发生了和他人相对立的第四重异化。此处的

---

① 《马克思恩格斯文集》(第2卷)，人民出版社2009年版，第32页。
② 《马克思恩格斯文集》(第1卷)，人民出版社2009年版，第163~164页。

他人无疑就是资产阶级，这一阶级是资本的人格化范畴，也是资本主义生产方式的主要推动者和主要受益者。正是资产阶级亲手造成了无产阶级在生产劳动中被异化的状态，并因此造成了和无产阶级之间的尖锐对立。对于资本主义社会中两大阶级之间的这种对立关系，马克思恩格斯曾在《神圣家族》一书中这么描述道："有产阶级和无产阶级同样表现了人的自我异化。但是，有产阶级在这种自我异化中感到幸福，感到自己被确证，它认为异化是它自己的力量所在，并在异化中获得人的生存的外观。而无产阶级在异化中则感到自己是被消灭的，并在其中看到自己的无力和非人的生存的现实。"①也就是说，资产阶级和无产阶级在资本介入社会生产过程后都发生了自我异化，但他们的异化存在着本质上的不同。资产阶级的毕生使命就是确保资本的持续增殖，他们在成为资本逐利工具的同时自然也就丧失了作为类存在物的普遍性和自由性。但这种异化对于资产阶级的"好处"就在于，他们通过占据生产资料获得了控制劳动对象和劳动产品的权力，并在攫取无产阶级所创造的剩余价值的基础上不断积累个人财富，并在这一过程中确证了自身的幸福感和力量性。然而，无产阶级的自我异化则体现为被资本奴役和剥夺，他们也因自身的不断贬值而逐渐丧失人的本质力量。

综合分析工人阶级在资本主义生产过程中所发生的四重异化，不难看出，工人阶级与资产阶级之间的对立关系可以解释无产阶级身上所发生的前三重异化，就如马克思所说："人的异化，一般地说，人对自身的任何关系，只有通过人对他人的关系才得到实现和表现。"②依据这一论断，我们可以从逻辑上轻松地推导出：第一，工人阶级之所以依赖资产阶级所提供的劳动对象才能展开劳动，是因为资产阶级通过各种"巧取豪夺"的手段从劳动者手中夺走了生产资料，而工人阶级之所以丧失了对于劳动产品的所有权，是因为资产阶级依据所谓的正义合同预先占有了这些劳动果实。第二，工人阶级之所以在劳动过程中感到压抑和痛苦，是因为他们所从事的劳动是由资产阶级规定和掌控的生产活动。资产阶级的历史

---

① 《马克思恩格斯文集》(第1卷)，人民出版社2009年版，第261页。
② 《马克思恩格斯文集》(第1卷)，人民出版社2009年版，第164页。

使命就是实现资本的持续增殖，他们根本不在乎工人阶级在这一过程中在体力和智力上的高度损耗，只是按照自身的主观意愿督促和迫使工人阶级从事难以维系的强制性劳动。第三，工人阶级之所以和自己的类本质相异化，是因为他们在放弃劳动产品和违背生命活动的同时必然会丧失自身的普遍性和自由性。然而，与此相对立的是，资产阶级不仅占据着丰富的生产资料和生活资料，而且享受着符合自身意愿的食利活动并从中攫取了源源不断的财富，他们当然能在拥有大量可自由支配时间的同时过上普遍且自由的类生活。第四，综合以上三重异化，无产阶级和资产阶级之间的对立关系已经无可辩驳地得以展示，而无产阶级所遭受的不幸全部都可以通过与资产阶级的异化关系而表现出来，也可以通过与资产阶级的对立关系得以解释。

总之，工人阶级在资本主义社会生产过程中被非正义的异化劳动模式所压制，他们不仅终日劳作却"一无所获"，而且无法摆脱无比压抑的谋生活动，还要忍受因缺乏普遍且自由的生活所致使的痛苦，以至于最终被资产阶级所奴役而丧失自身独立性。资本主义社会中这种包含着四重异化的生产过程必定会造成非正义的生产结果。

第三节　资本主义社会生产结果的非正义性

资本主义社会生产的前提和过程都是非正义的，由这两者叠加在一起所决定的结果自然也具有非正义性。资本主义生产过程所形成的表面结果就是制造出在市场上堆积如山，但不属于劳动者所有的海量商品，但这些有待出售的商品在实质上又再生出不断积累资本的资本家、维持贫困状态的工人阶级以及前者对于后者的绝对支配关系。具体来说，资产阶级因终身"秉持"只对资本增殖服务而无视民众生活需求的非正义目标，导致自己无法解决无序生产和有限需求之间的矛盾，以至于催化出以生产过剩为标志的经济危机。而作为资本主义生产体系中唯一创造全部价值的劳动力量，无产阶级被迫在从事这种无序生产的过程中不断地再生产出处于被压榨地位的自己以及处于掌控地位的资产阶级。随着无产阶级的逐步觉醒，他们开始有意识地联合起来反抗这种违背正义原则的资本主义社会生产活动。

一、资本主义社会生产引发了以生产过剩为标志的经济危机

资本主义生产的根本目的不是满足广大民众的生活需求，而是实现资本增殖。作为资本这一经济范畴在现实经济环境中的人格化代表，资本家的毕生使命自然就是通过操控资本主义生产过程及其结果来实现资本持续增殖的目标，就如马克思所说："他不仅要生产使用价值，而且要生产商品，不仅要生产使用价值，而且要生产价值，不仅要生产价值，而且要生产剩余价值。"①在一般情况下，社会组织生产的最主要目标就是满足民众的各类消费需求，也就是依据现实生活中的真实需求尽可能地制造出与其相匹配的各类产品。然而，对于资本主义社会生产而言，生产具有使用价值的商品就是为了兑换它本身凝结着的价值，而兑换价值又是为了获取其中所包含的剩余价值，这一过程归根结底是为了实现资本增殖。至于这种商品是否真正符合民众在生活中的需要，这反倒成为无关紧要的问题。展开来说，资本家迫使工人所生产的劳动产品包含着三重内容：第一，这种劳动产品必须包含使用价值，因为没有使用价值就不能成为有用的物品，无用的物品就不可能获得交换的可能；第二，这种劳动产品必须包含能用于交换的价值，因为没有交换价值就不能成为在市场上流通的商品，生产该物品就是为了通过让渡其使用价值获得其交换价值；第三，这种劳动产品必须包含剩余价值，否则即便其交换价值被顺利兑换为货币也无利可图，资本也不可能实现增殖的目标。这三重规定就是贯穿资本主义生产过程的底层逻辑。

为了实现资本持续增殖这一不可能完成的目标，资产阶级还是竭尽所能地在维系生产正常运转的基础上谋求进一步扩大再生产，以此向市场上源源不断地投放大量商品，并四处寻找和拓展将这些商品资本兑换成货币资本的可能性销路。然而，资产阶级在疯狂扩大生产规模的同时却刻意忽略了市场上广大民众的真实

---

① 《马克思恩格斯全集》(第44卷)，人民出版社2001年版，第217~218页。

消费需求，就如恩格斯所告诫的那样："市场的扩张赶不上生产的扩张。冲突成为不可避免的了，而且，因为它在把资本主义生产方式本身炸毁以前不能使矛盾得到解决，所以它就成为周期性的了。资本主义生产造成了新的'恶性循环'。"① 也就是说，民众的有限消费需求绝对不可能跟得上资本主义生产的无序扩张，两者之间产生了难以调和的矛盾。对于资产阶级而言，他们在本质上是资本的现实代言人，而不是民众的切实服务者。前一种身份驱使他们所掌控的一切生产活动都只是为了让钱生钱，而后一种缺位则使得他们根本无视现实生活中的真实消费需求。资本主义社会生产的具体进程也充分显示了这一矛盾的存在，为了保证资本能在生产和流通顺畅循环的基础上持续增殖，资产阶级只能不停地扩大再生产，而不可能依据民众真实且有效的消费需求开展合理有序的生产，因为后一种商品生产的规模和速度意味着资本的循环速度有所放缓甚至有所停滞，然而"资本的循环，只有不停顿地从一个阶段转入另一个阶段，才能正常进行"②。要知道，资本只有在商品生产和商品流通的持续循环中才能维持自己的"繁殖力"，资产阶级一旦按照市场的有限需求缩小生产规模或放缓生产速度的话，自然就会导致资本所带来的利润率逐渐降低，这一原本真实合理的结果却完全有悖于资本谋求持续增殖的本性。因此，即便资产阶级清醒地知道盲目扩大生产所带来的后果，他们也不得不带着侥幸心理继续扩大生产，而不可能主动遏制资本主义生产无序扩张的趋势，最终导致生产规模远远超出市场上的消费需求。具体来说：一方面，对于无产阶级而言，他们虽然终日辛勤劳作却只能换回所谓正义合同中约定的工资，他们劳动得越多就会被剥削得越厉害。即便是在经济相对繁荣的"美好"年代，他们也只能照旧维持着相对贫困的生活状态，他们所获取的少得可怜的劳动报酬只能用来勉强应付基本生存需要，又怎么可能支撑起购买海量商品的消费能力。另一方面，资产阶级尽管拥有令广大劳动者"叹为观止"的消费实力，但相对于数量庞大的无产阶级而言，他们只不过是资本主义社会中的少数人群，

---

①　《马克思恩格斯文集》(第 3 卷)，人民出版社 2009 年版，第 556 页。
②　《马克思恩格斯全集》(第 45 卷)，人民出版社 2003 年版，第 63 页。

其消费总量也是非常有限的，同样无力承担起消化市场上滞销商品的"重担"。

如上所述，资本主义社会的生产和消费之间存在着一个难以调和的矛盾：一方面，在资本主义生产规模不断扩大的经济环境中，市场上早就堆满了超出民众有效需求的海量商品。而无产阶级在长期遭受剥削和压榨之后根本就没有像样的经济收入和家庭财富，他们的消费能力已经萎缩至无法匹配不断扩大的生产规模。另一方面，资产阶级在资本驱使之下依然在这种危机四伏的经济环境中盲目地扩大再生产，与此同时又自私自利到不愿意通过提高工人阶级的薪资待遇来增强后者的消费能力，还在竭尽所能地通过榨取绝对剩余价值和相对剩余价值的方式加速自己的财富积累。就这样，一边是早已赚得"盆满钵满"的资产阶级"孜孜不倦"地向市场投放大量以期获利的各类商品，另一边则是长期"囊中羞涩"的无产阶级只能依靠微薄收入购买少量维持基本生存需求的生活资料。两者之间的本质性偏差只能导致市场上出现这样的现象，"这时，商品的潮流一浪一浪涌来，最后发现，以前涌入的潮流只是表面上被消费吞没"①。资产阶级通过不断扩大再生产向市场上抛入越来越多的商品，并以此自我标榜因创造大量社会财富而促进了社会经济的繁荣。然而"残酷"的事实真相恰恰在于，这些商品在"争先恐后"地纷纷涌入市场后却因无法顺利交换而慢慢变成堆积如山的滞销品，就如恩格斯所说，"生产过剩和大众的贫困，两者互为因果，这就是大工业所陷入的荒谬的矛盾"②。资本主义生产方式的确在客观上前所未有地提升了社会生产力水平，使得大工业化后的人类社会拥有了大批量制造劳动产品的可能性。但这种大工业的发展建立在资产阶级残酷剥削和压榨工人阶级的基础之上，后者所创造的社会财富被前者所攫取并转化为不断增殖的货币资本，本该具有强劲消费需求的广大民众却因过于贫困而无法提升自己的消费能力。就这样，大工业发展水平越高，反倒意味着劳苦大众遭受剥削的程度就越深，他们所拥有的财富只能用于维持自己及其家人的基本生活需求，根本没能力去消费社会化大生产所带来的海量

---

① 《马克思恩格斯全集》(第45卷)，人民出版社2003年版，第89页。
② 《马克思恩格斯文集》(第4卷)，人民出版社2009年版，第305~306页。

商品。显然，资本主义生产必然会带来生产过剩现象的出现，进而摧毁巨额的社会资源和社会财富，并终将导致经济危机的爆发。

更令资产阶级感到"可怕"的是，历史事实反复证明，资本主义社会的经济危机总是会周期性地爆发，就如恩格斯在深入研究英国经济发展史后所说："每隔十年，生产的进程就被普遍的商业危机强制性地打断一次，随后，经过一个长久的持续的停滞时期后，就是短短的繁荣年份，这种繁荣年份总是又以发疯似的生产过剩和最后再度崩溃而结束。"①数据证明，英国身为 19 世纪欧洲的头号资本主义强国，也难以逃脱每隔十年就会被强行打断生产进程的"厄运"。当然，这种所谓的"宿命"式劫难本来是完全可以避免的，它实际上就是资本主义社会生产因违背客观经济发展规律——不断扩大的生产规模远远超过民众的有效消费需求——而必定要付出的代价。在恩格斯看来，英国所不定期爆发的经济危机现象其实也是整个资本主义社会的缩影，任何一个资本主义国家的社会生产都会不可避免地造成以生产过剩为标志的经济危机，并在危机产生后随即陷入长久的经济衰退或停滞中，好不容易等到慢慢恢复至繁荣，然后又会随着时间的推移再次爆发新的经济危机，从而进入新一轮的恶性循环。

资本主义生产所造成的经济危机是其自身无法避免的，资本的本性决定了它只会通过盲目扩大生产来谋求自身增殖，就如恩格斯所说："资本主义生产是不可能稳定不变的，它必须增长和扩大，否则必定死亡。"②资本主义生产的"宿命"就是在无限扩充自身的过程中逐步走向危机乃至崩溃，因为资本的存在方式就是在持续增殖中谋求发展，而这只有在生产规模不断扩大的状态下才能得以保证。在这种情况下，资产阶级开始积极谋求将资本的运行范围从国内市场拓展至整个世界，尽管这为资本主义生产的扩张和发展提供了貌似广袤的场域，但最终还是会因这一过程所造成的世界各国的两极分化式发展而逐步走向绝境。

---

① 《马克思恩格斯文集》(第 1 卷)，人民出版社 2009 年版，第 371~372 页。
② 《马克思恩格斯文集》(第 1 卷)，人民出版社 2009 年版，第 377 页。

二、资本主义社会生产制造出持续提供剩余价值的工人阶级

资本主义生产的结果不仅包括以物的形式存在的商品，还有以人的形式存在的劳动力商品，只不过前一种商品基本都是有形的和肉眼可见的，而后一种商品则是在"悄无声息"中慢慢生产出来的，就如马克思所说："生产不仅把人当做商品、当做商品人、当做具有商品的规定的人生产出来；它依照这个规定把人当做既在精神上又在肉体上非人的存在物生产出来。"①众所周知，人这种具有普遍性和自由性的类存在物本来不是商品，他只是在和自然界发生交互作用的过程中制造出用于交换的商品。但在资本主义生产方式正式确立后，广大劳动者因丧失生产资料而只能依靠向资产阶级出卖自己的劳动力为生，以至于在这种困境中集聚了作为商品应该具有的价值和使用价值这两大规定要素："商品人"的价值就是广大劳动者通过出卖自身劳动力所换回的劳动报酬，形式上就是资本家通过所谓正义契约所订立的工资；"商品人"的使用价值则具有不同于一般商品体的特殊性，从形式上看就是广大劳动者制造各种商品的劳动能力，但从实质上分析则是工人阶级在生产消费过程中还可以创造出比自身价值更多的价值。正因为如此，资产阶级在使用货币资本购买到劳动力商品后，会在生产过程中不顾工人阶级的生理极限和道德极限来过度消费其使用价值，以便生产出更多的商品并从中攫取更多的剩余价值。与此同时，工人阶级也凭借终日劳作换回一些少得可怜的工资，并使用这些劳动报酬购买各种生活资料来维持基本生存。资本家一直借此吹嘘是自己所支付的工资养活了工人，却闭口不谈这种所谓的工资实质上是由工人通过自己的劳动所亲自创造出来的，更是刻意回避这样一个铁的事实，即工人阶级在用工资进行生活消费的同时还在不断地再生自己的劳动能力，以便重新投入实现资本增殖的生产消费。就这样，资本主义生产在制造出用于交换的商品的同时，还制造出在肉体上和精神上都被剥夺类存在物本质的"商品人"。

显而易见，工人阶级实际上是整个资本主义生产体系得以存在和发展的核心

---

① 《马克思恩格斯文集》(第 1 卷)，人民出版社 2009 年版，第 171 页。

环节。如果资产阶级在市场上购买不到所需要的劳动力商品，资本主义生产过程就无法开启，所以他们采取了一切非正义的手段迫使丧失生产资料的劳动者接受雇佣劳动模式。而当工人阶级进入资本主义生产体系后，他们所生产出来的不仅是包含着剩余价值的劳动产品，还包括他们自身，也就是维系资本主义生产和再生产的"商品人"，并被迫源源不断地向资产阶级提供可榨取的剩余价值来实现资本增殖，就如马克思所说："工人生产资本，资本生产工人，因而工人生产自身，而且作为工人、作为商品的人就是这整个运动的产物。"①在马克思看来，国民经济学家一直宣扬资产阶级所拥有的货币资本源自他们"勤俭节约"的品质以及"独具慧眼"的经商能力，但这是一种极具迷惑性和欺骗性的论调，它不仅否认了资本的原始积累这一确凿无误的历史事实，而且刻意掩饰了资本主义生产过程的内在机理。要知道，资产阶级所拥有的财富是通过出售工人所创造的劳动产品而来的，所以资本从源头上说是由工人所生产的。再者，工人还生产出有着双重用途的资本，作为不变资本用途的这一部分可用于购买各种生产资料，而作为可变资本存在的这一部分则用于购买劳动力商品——支付给工人的工资。资本家一直借此宣称付给工人的劳动报酬分走了利润的一大部分，这种论调试图说明的是，工人所拿到的工资就是和其劳动付出相匹配的足量经济奖励，他们可以用工资来享受美好的生活。然而事实是，工人阶级所拿到的这些劳动报酬因数量过于微薄而只能勉强维持基本生存，说到底还是为再生劳动力而用。不难推断，资产阶级用于支付工资的可变资本最终还是用于再生产工人，归根结底就是为了资本增殖而服务。也就是说，工人在完成生产后被迫将自己所创造的商品拱手相让给资本家，他们所换回来的只是资本家从货币资本中抽出的一小部分，即仅能维持他们基本生活需求的微薄工资。可想而知，工人也只能再用这点报酬购买各种维持生存的生活资料，在养活自己的同时继续再生出劳动能力，所以在这个意义上，资本又生产出工人。一言以蔽之，工人是贯穿整个资本主义生产过程的开启者、制造者以及"被造物"。

---

①　《马克思恩格斯文集》（第1卷），人民出版社2009年版，第170页。

　　随着资本主义生产和再生产的规模不断扩大，工人阶级在忍受残酷剥削和压榨的异化劳动状态下不仅生产出大量可供交换的有用物品，而且还再生出过量急需就业的无用"商品人"，就如马克思所说："它希望看到仅仅生产'有用的东西'，但它忘记了生产过多的有用的东西就会生产出过多的无用的人口。"①资本主义生产的根本目的是实现资本的持续增殖，它当然希望生产出来的都是有使用价值的商品，这样才能将其顺利兑换成包含着剩余价值的货币资本，并在此基础上不断扩大再生产规模来获得更多利润。然而，如前所述，资本主义社会无法自控的无序生产会不可避免地导致生产过剩。这具体表现为市场上早已堆满了无法顺利交换的商品，然而不肯停歇的各类工厂依然向已经饱和的市场继续投放大量商品，进而导致经济危机的爆发和资本循环的崩溃，以至于大批无产阶级找不到就业机会，从而沦为没有使用价值的无用"商品人"。当然，对于无产阶级而言，资本主义社会中出现大量失业人口自然是一个深重的灾难，但资产阶级在某种程度上对此倒是"乐见其成"，就如马克思所揭露的那样："资本主义生产最美妙的地方，就在于它不仅不断地再生产出雇佣工人本身，而且总是与资本积累相适应地生产出雇佣工人的相对过剩人口。"②资本主义生产方式凭借工人自身的辛勤劳作不断更新再生产的能力，还通过科技进步和管理升级不断扩大不变资本在资本有机构成中的比例，从而在刻意减少可变资本后向就业市场抛入大量过剩劳动力，维持劳动力人口供过于求的局面。这样既可以尽可能地压低在职员工以及求职人员的工资，又能维持对于工人阶级的主控地位。

　　总之，资本主义生产方式下的必然产物除了易于观察的劳动对象化的商品，还有不容察觉但却在持续再生中的对立阶级，就如马克思在《工资、利润与价格》这本小册子中所说："工人作为工人再生产出来，资本家作为资本家再生产出来。"③也就是说，资本家凭借所拥有的资本购买权占据了生产资料和劳动力商品，从而成为整个生产过程的掌控者和最终劳动产品的拥有者，他们既置身于生

---

①　《马克思恩格斯文集》(第 1 卷)，人民出版社 2009 年版，第 228 页。
②　《马克思恩格斯全集》(第 44 卷)，人民出版社 2001 年版，第 881 页。
③　《马克思恩格斯文集》(第 3 卷)，人民出版社 2009 年版，第 58 页。

产劳动过程之外，又成为管理生产劳动的实际"主宰"。随着资本主义生产过程的开展及其完成，资本家通过既定的非正义分配方式攫取了工人所创造的全部剩余价值，他们作为资本范畴的人格化代表实现了持续增殖资本的目标，从而变得越来越富有。显而易见，资本主义生产在制造出源源不断地提供剩余价值的工人阶级的同时，也将贪得无厌地攫取剩余价值的资产阶级再生出来。在这一过程中，工人在承受超出生理极限和道德极限的繁重劳动的情况下，竭尽所能地制造出可供交换的有用商品、通过出售商品而发家致富的资产阶级以及依然保持相对贫困的再生劳动力。与此相对应的是，资本家所付出的"代价"不过是少得可怜的、支付给工人的劳动报酬，而他们获得的却是对于工人的绝对支配权。

三、资本主义社会生产固化了资产阶级对于全社会的掌控权

国民经济学家们总是致力于鼓吹资本主义生产方式造就庞大社会财富的"优越性"，并将资产阶级定性为资本主义社会中缔造这一经济"奇迹"的"功臣"。然而，不可辩驳的事实恰恰在于，工人阶级才是资本主义生产体系中创造"令人瞩目"的社会财富的中坚力量，就如恩格斯所强调的那样，"工人阶级是生产全部价值的唯一的阶级"[1]。资本主义社会中的主要财富在形式上展现为市场上堆积如山的海量商品，而这些商品在本质上是工人阶级在生产过程中亲自创造的劳动产品，其所具备的可以交换为货币的价值全部都属于工人所付出的无差别人类劳动的凝结物。资产阶级在资本主义生产和流通过程中所主要负责的则是将这些商品兑换成用于发财致富的货币资本，他们并没有亲自创造出价值，只是将工人阶级创造的价值兑现出来而已。然而，创造社会财富的工人阶级却被不事生产的资产阶级所牢牢掌控，其中的根本原因就在于，资产阶级凭借占据生产资料的特权不仅置身于生产劳动之外，还通过出售这些包含剩余价值的商品无偿攫取了大量财富，反倒是真正从事生产劳动的工人阶级不但没有占有劳动产品的权利，还因为自身的谋生命脉被资产阶级所拿捏只能对其"俯首听命"。

---

① 《马克思恩格斯文集》(第 1 卷)，人民出版社 2009 年版，第 709 页。

不难看出，资本主义国家的生产活动只服务于资产阶级的单向度财富增殖，它通过压榨工人阶级的劳动果实"成就"资产阶级发财致富的专属特权，以至于两者之间的经济收入差距越拉越大，并最终造成了资产阶级在经济领域对于工人阶级的压倒性优势。更为糟糕的是，资产阶级在经济领域里的绝对掌控权还将进一步发展和巩固下去，就如马克思所预判的那样："现代工业的发展本身一定会越来越有利于资本家而有害于工人，所以资本主义生产的总趋势不是提高而是降低工资的平均水平，在或大或小的程度上使劳动的价值降到它的最低限度。"①资本主义社会大工业的飞速发展只是"成就"了资产阶级的发财致富，它不但没能从根本上提升工人阶级的生活质量，反倒是进一步剥夺了工人阶级的正义性经济权益。作为资本主义社会中拥有巨额财富的少数群体，资产阶级借助自身在经济基础上所占据的绝对优势来配置上层建筑，从而制定出各项有利于本阶层的法规政策。展开来说，资产阶级利用占据生产资料的优势迫使劳动者签订出卖劳动力的所谓正义契约，约定以极低的、仅能维持基本生存的工资换取对于全部劳动产品的占有权，这种完全偏向于资产阶级权益的非正义合同却得到了法律的认可和保障。再者，资产阶级为了尽可能多地攫取剩余价值，还会逐步降低工人的平均工资，也就是通过减少可变资本的支出来增加利润，这种做法随着资产阶级经济实力的提升会越发巩固，工人阶级所遭受的压迫和剥削也会越发严重。也就是说，资本主义国家的生产规模越大，资产阶级所能榨取到的物质财富就越多，而付出巨大牺牲的劳动阶级则越发贫穷。资本主义生产就这样逐步造成了资产阶级对于无产阶级的绝对掌控地位，恩格斯为此义愤填膺地批判道："生产的每一进步，同时也就是被压迫阶级即大多数人的生活状况的一个退步。……因为它几乎把一切权利赋予一个阶级，另一方面却几乎把一切义务推给另一个阶级。"②不得不承认的是，资本主义生产的进步带来了社会生产力水平的急速提升以及整体财富的飞速增长。按理说，资本主义社会中的每一个个体都将因此在经济生活上受益，

---

① 《马克思恩格斯文集》(第3卷)，人民出版社2009年版，第77页。
② 《马克思恩格斯文集》(第4卷)，人民出版社2009年版，第197页。

尤其是那些承担了所有劳动任务的工人阶级更应该率先过上富裕且悠闲的生活，然而呈现出来的社会现象却是反过来的，工人阶级的生活状况不仅没有因为自身的辛勤劳作而大幅度改善，反倒因所创造的全部价值被资产阶级所剥夺而一直保持相对贫困的生活状态。与此形成鲜明对比的是，规避了所有劳动义务的资产阶级却因出售这些劳动产品而发财致富，并凭借自身在经济领域里的绝对优势掌握了分配各类社会资源的权力，从而进一步巩固了对于工人阶级的掌控力。

资产阶级在经济领域所拥有的支配无产阶级的权力是在双方地位完全不对等的情况下所形成的一种非正义现实，而不是所谓的符合社会经济发展规律的必然呈现。资产阶级之所以能够在不事生产的状态下还能掌控整个生产过程，根本原因就在于他们通过资本的原始积累先行"霸占"了广大劳动者的生产资料，而不是像他们所宣称的那样属于生产过程组织管理者的应得回报。一言以蔽之，资产阶级所拥有的掌控权本质上是由工人阶级被迫生产出来的，马克思对此在《雇佣劳动与资本》一文中列举过一个形象的例子："一个棉纺织厂的工人是不是只生产棉织品呢？不是，他生产资本。他生产重新供人利用去支配他的劳动并通过他的劳动创造新价值的价值。"[1]工人所创造的可不仅仅是劳动产品，它们实际上还属于有待出售的商品资本，其一经顺利交换就可以兑现为货币资本。资本家紧接着就可以利用这些货币资本巩固自己对于工人的掌控权，要么就是从中抽取一小部分来支付工人工资并继续维持这种雇佣关系，要么就是去市场上再次购买新的可供自己支配的劳动力商品。再者，工人还通过生产劳动再生出资本家，就如马克思所说："通过异化的、外化的劳动，工人生产出一个同劳动疏远的、站在劳动之外的人对这个劳动的关系。"[2]资本家作为食利者阶层本身是不从事生产劳动的，他们赖以生存的经济来源就是工人所创造的剩余价值，而这些"帮助"资本家发财致富的利润完全来自工人的生产。就这样，资本家通过所拥有的资本购买权牢固地掌握着对于工人经济命脉的"生杀予夺"大权。

---

① 《马克思恩格斯文集》(第1卷)，人民出版社2009年版，第727页。

② 《马克思恩格斯文集》(第1卷)，人民出版社2009年版，第166页。

　　进一步说，如果没有工人阶级加入资本主义生产过程，资产阶级所拥有的生产资料就永远只能是不会增殖的"死劳动"，而不可能在吮吸"活劳动"的基础上转变成包含着剩余价值的商品。再者，如果没有工人阶级在生产过程中的辛勤劳作，资产阶级就不可能以支付低廉工资为"代价"来获取全部劳动产品的所有权，进而将它们顺利兑换成既能用来增加个人财富、又能购买劳动力商品的货币资本。就这样，"无产阶级执行着雇佣劳动由于为别人生产财富、为自己生产贫困而给自己做出的判决"①。加入雇佣劳动体系的无产阶级所付出的沉痛代价就是，不管他们在生产过程中付出了多少体力和智力来创造各种劳动产品，他们都只是在为资产阶级生产财富，而自己所能得到的就是所谓正义契约中规定的工资报酬，以至于一直沉陷在相对贫困的生活状态中而无法自拔。就无产阶级而言，作为雇佣劳动体系中的劳方，除了一张明显偏袒资方的所谓正义合同外，他们没有任何一项可以用来保护自身经济权益的权利，所以只能被动地将自己所创造的全部价值拱手相让给资本家。因此，整个生产劳动的过程不过是在为资本家源源不断地生产个人财富，与此同时又是在为工人阶级生产出拉大阶层差距的相对贫困。随着资本主义生产方式的日益巩固和壮大，整个资本主义社会出现了日益明显的两极分化，就如恩格斯所说："一边是世袭的富有，另一边是世袭的贫困。"②显而易见，资产阶级和工人阶级之间这种贫富悬殊的状况还在不断固化，而且这种经济实力上的明显差异也影响到两者在政治、文化、社会地位等方面的差距。资产阶级对于无产阶级的全方位掌控在资本主义社会中展现得一览无余，而这些都充分证明了资本主义生产给人类社会所造成的恶果。

　　当然，资本主义生产前提、过程以及结果的非正义性不会永远持续下去，资本主义生产方式从正式确立的那一天起就已经在"培养"推翻自己的有生力量。资产阶级通过资本原始积累的方式剥夺了广大劳动者的生产资料，造成了劳动者与劳动条件的分离，从而为资本主义生产方式的开启奠定了前提，同时也催生出无

---

　　①　《马克思恩格斯文集》(第1卷)，人民出版社2009年版，第261页。
　　②　《马克思恩格斯文集》(第4卷)，人民出版社2009年版，第336页。

产阶级这一革命性最为坚定的阶级。资本主义社会的持续发展建立在残酷剥夺工人阶级的基础之上，所以它也在不断扩大反对自己的革命力量，就如恩格斯所说，"使注定有朝一日要摧毁这一制度本身的这个阶级增长起来。而且，也没有任何解救之策"①。日益觉醒的工人阶级不会再在沉默中接受自己的悲惨命运，他们所迫切需要的就是一种可以从理论上武装他们的指导思想，而马克思恩格斯的生产正义论完全可以指导他们从根本上改变资本主义社会生产的非正义性。

第四节　马克思恩格斯的生产正义论及其当代价值

马克思恩格斯通过缜密的论证揭露了资本主义社会生产的非正义本质，资本主义生产方式下的财富创造完全依赖于广大工人阶级的独立支撑，而资本家作为"雇主"则置身于生产过程之外，还自诩为费心尽力的组织管理者，心安理得地"坐享其成"。就这样，工人阶级所创造的财富绝大部分都被资本家所无偿攫取，资本主义社会阶层间的贫富分化日趋明显。然而，"欲壑难填"的资本家们还是会在资本的驱使下盲目寻求扩大再生产，最终导致经济危机的频繁爆发，前期所积攒的社会财富也随之毁于一旦。马克思恩格斯在批判资本主义社会非正义生产的基础上构建出符合正义精神的社会主义生产理论，并据此指出社会主义国家的核心任务就是建立取代私有制的生产资料公有制，进而废除资产阶级凭借占据生产资料的"先行"优势而独占社会财富的非正义特权，逐步实现"在人人都必须劳动的条件下，人人也都将同等地、愈益丰富地得到生活资料、享受资料、发展和表现一切体力和智力所需的资料"②。按照马克思恩格斯的设想，社会主义社会中的每一个成员作为生产资料的拥有者都会自觉自愿地加入生产劳动，而且平等地享有劳动果实的他们自然会迸发出主动从事生产劳动的积极性，从而在创造尽可能多的生活资料的基础上逐步实现自身体力和智力的双重自由发展。

① 《马克思恩格斯文集》（第4卷），人民出版社2009年版，第350页。
② 《马克思恩格斯文集》（第1卷），人民出版社2009年版，第710页。

一、社会主义社会生产要恢复劳动者与劳动条件的结合

资本主义生产方式得以奠定的前提就是由资本的原始积累所造成的广大劳动者和劳动资料的彻底分离，资产阶级正是在此基础上"如愿以偿"地将生产资料和劳动力资源都集中到自己手中，从而顺利开启以雇佣劳动模式为标志的社会化大生产。这种生产模式通过剥削和压榨工人阶级创造了"前所未有"的社会财富，同时也滋生出资本妄图实现自身无限增殖的幻觉。就这样，资本主义社会生产的无序扩张趋向远远超出了现实生活中的有限消费需求，广大劳动者即便是已经承担了超越生理和道德极限的繁重劳动，也无法避免整个社会陷入周期性经济危机的恶性循环。这不仅对于自然资源造成了极大的浪费，而且有可能导致人类社会的崩塌，恩格斯为此明确指出，要想摆脱这种危机，"唯一可能的出路，就是实行社会革命"①。赚得"盆满钵满"的资产阶级不可能主动放弃或改造资本主义生产方式，他们在资本的驱使之下只会冒着触发经济危机的风险加速掠夺工人阶级所创造的财富。因此，各地的国际共产主义组织要主动联合无产阶级发动暴力革命，并迅速建立新的社会主义国家政权，"由上升到政治上独占统治地位的无产阶级以社会的名义占有全部生产资料"②，这样才能重新恢复劳动者与劳动条件的紧密相连。社会主义国家代表全体社会成员将全部生产资料收归国有，并在此基础上逐步消灭严重阻碍生产力发展的生产资料私有制，将广大劳动者从资本主义异化劳动的雇佣体系中解放出来，激发和释放他们自主劳动的积极性和潜力。

需要注意的是，面对"顽冥不化"的资产阶级及其所掌控的强大的国家机器，工人阶级联合起来发动社会革命不可避免地面临着难以想象的操作性困难，所以一定要先行制定合理的行动纲领来确保抗争行动的顺利进展。实际上，马克思恩格斯早在《共产党宣言》中就给全世界无产阶级规划了理性的革命举措，他们明确指出："工人革命的第一步就是使无产阶级上升为统治阶级，争得民主。……无

---

① 《马克思恩格斯文集》(第 4 卷)，人民出版社 2009 年版，第 336 页。
② 《马克思恩格斯文集》(第 3 卷)，人民出版社 2009 年版，第 241~242 页。

产阶级将利用自己的政治统治，一步一步地夺取资产阶级的全部资本，把一切生产工具集中在国家即组织成为统治阶级的无产阶级手里，并且尽可能快地增加生产力的总量。"①在马克思恩格斯看来，作为广大无产阶级的主要代表，一直遭受残酷剥削和压榨的工人阶级自然是革命性最强的有生力量，他们首先需要完成的任务就是通过暴力革命确立自身统治阶级的地位。当然，工人阶级获得政治上的统治地位只是革命行动的第一步，接下来要做的就是改造资本主义生产方式，首先则是对生产资料归属权的处理。如前所述，资本家全面压制工人的前提来自资本对生产资料的独占权，他们以低廉的价格购买到丧失生产资料的劳苦大众所出卖的劳动力及其劳动产品。工人要想夺回劳动权就必须要重新占有生产资料，"使生产资料受联合起来的工人阶级支配，也就是消灭雇佣劳动、资本及其相互间的关系"②，从而在源头上消灭资本对于劳动的掌控。在无产阶级专政的基础上，工人阶级就可以使用国家机器顺利夺回被资产阶级通过非正义手段霸占的生产资料，并以全体民众的名义将其收归国有。广大劳动者自此获得了和自己所拥有的生产资料展开交互作用的自主权，从而推动社会主义社会的生产活动回归到有序发展的正轨。

在马克思恩格斯生产正义论的影响下，通过暴力革命的方式夺回生产资料所有权的行动方案在国际共产主义运动中获得了广泛认同，就如恩格斯所说："马克思的主要要求——由上升到政治上独占统治地位的无产阶级以社会的名义占有全部生产资料——现在也成了罗曼语各国一切革命工人阶级的要求。"③众多欧洲国家的工人阶级在接受马克思主义理论的指导后，开始尝试运用唯物史观和政治经济学理论清算蒲鲁东的无政府主义对于工人运动所造成的负面影响。具有生产正义意识的工人阶级普遍认同，解放自身乃至全人类的首要条件就是建立属于无产阶级的社会主义政权，然后才能借此完成改造资本主义生产方式的一系列诉求，并在以社会名义占有生产资料的基础上重构经济发展模式，就如马克思所主

---

① 《马克思恩格斯文集》（第2卷），人民出版社2009年版，第52页。
② 《马克思恩格斯文集》（第2卷），人民出版社2009年版，第113页。
③ 《马克思恩格斯文集》（第3卷），人民出版社2009年版，第241~242页。

张的那样，"世界各国工人政党都一致用以扼要表述自己的经济改造要求的公式，即：生产资料归社会所有"①。显然，这一经济改造的诉求不仅适用于欧洲工人阶级，而且适用于想要确立社会主义生产方式的全世界无产阶级。实现无产阶级专政只是社会主义革命的第一步，要想巩固这一新生政权必须要夯实代表广大劳动者利益的经济基础，也就是将只维护资产阶级利益的生产资料私有制彻底改造成生产资料公有制。只有这样，新生的社会主义政权才能激发广大劳动者的生产积极性，从而逐步成长为一个具有强大发展潜力的社会主义国家。

广大劳动者在丧失生产资料后只能沦为依靠出卖劳动力为生的被统治阶级，处于极端贫困和异化劳动状态下的他们被剥夺了享受生活的应有权利。因此，无产阶级想要改变自身命运就必须要重新获得生产资料，这样才能在和归属于自己的劳动对象发生交互作用后拥有自己所创造的劳动产品，从而彻底改变被压榨的非正义事实。为了激发工人阶级形成这种自我意识，马克思在为法国工人党起草行动纲领时明确表示："生产者只有在占有生产资料之后才能获得自由。"②对于广大劳动者而言，失去生产资料就意味着失去了自主生存的经济基础，而依靠出卖劳动力为生的谋生方式只会导致自身逐步丧失自由且自觉的主体性。恩格斯也对此发表了自己的畅想，他这么说道："一旦社会占有了生产资料，商品生产就将被消除，而产品对生产者的统治也将随之消除。社会生产内部的无政府状态将为有计划的自觉的组织所代替。个体生存斗争停止了。于是，人在一定意义上才最终地脱离了动物界，从动物的生存条件进入真正人的生存条件。"③也就是说，社会主义国家将以全体民众的名义占有生产资料，根治生产资料长期被少数特权阶层所占据的历史弊病。建立在生产资料公有制基础之上的社会主义生产的根本目的是满足全体民众的合理需求，而不是为了实现资本增殖而片面增产那些"有利可图"的商品。社会主义社会生产能够依据市场真实消费需求制定合理的生产规划，从而消除了资本家们为了赚钱而在社会中展开盲目生产的恶性竞争。就这

---

① 《马克思恩格斯文集》(第 4 卷)，人民出版社 2009 年版，第 536 页。
② 《马克思恩格斯文集》(第 3 卷)，人民出版社 2009 年版，第 568 页。
③ 《马克思恩格斯文集》(第 3 卷)，人民出版社 2009 年版，第 564 页。

样，广大劳动者终于获取了从事自主劳动的权利，他们不再是资产阶级用来实现资本增殖的"称手"工具，而是谋求自身全面而自由的个性发展的真正的人。

二、社会主义社会生产要恢复劳动的本真状态

社会主义社会中的广大劳动者凭借生产资料公有制成为生产资料的拥有者，他们彻底改变了被占据生产资料的特权阶级所奴役的命运，从而转变为拥有劳动对象的自主劳动规划者。社会主义社会中的生产劳动也因此恢复了自身的本真状态，它不再是资本主义生产方式下的异化活动，而是人作为主体和外界自然客体发生交互作用的自主活动。恩格斯曾在《英国工人阶级状况》一书中专门强调："如果说自愿的生产活动是我们所知道的最高的享受，那么强制劳动就是一种最残酷最带侮辱性的折磨。"[1]对于广大劳动者而言，为了谋生而承受的异化劳动极度压抑了自身的主体性，如果他们能够在现实生活中按照自己的主观意愿从事体现自身价值的生产活动，那么这肯定属于主体性的诗意展开和惬意享受。众所周知，本真形态下的劳动应该是人在自然界中所开展的一种自主性的生产活动，从事这种劳动的主体肯定能在生产过程中体会到幸福快乐以及自身的意义和价值。与此形成鲜明对比的是，异化形态下的劳动只是人在生产过程中为了维持基本生存而承受的一种强制性活动，从事这种劳动的主体在其中只能感受到人格上的折磨和自身主体力量的沦丧。

为了激发工人阶级追求自主劳动的勇气，马克思在《国际工人协会宣言》中高度赞扬了由少数工人自主创办的合作工厂，他这么评价道："为了有效地进行生产，劳动工具不应当被垄断起来作为统治和掠夺工人的工具；雇佣劳动，也像奴隶劳动和农奴劳动一样，只是一种暂时的和低级的形式，它注定要让位于带着兴奋愉快心情自愿进行的联合劳动。"[2]这类合作工厂采用了工人自愿联合劳动的生产形式，根本没有什么资本家的"高效"组织和管理，但却在广大工人充分掌握劳

---

[1] 《马克思恩格斯文集》(第 1 卷)，人民出版社 2009 年版，第 432 页。
[2] 《马克思恩格斯文集》(第 3 卷)，人民出版社 2009 年版，第 12~13 页。

动资料的基础上取得了非常好的生产业绩。这一点充分表明，异化劳动是一种非正义的、低效的强制式劳动，而社会主义社会中的联合劳动才是正义的、高效的自主式劳动。马克思进一步在《资本论》中这样说道："设想有一个自由人联合体，他们用公共的生产资料进行劳动，并且自觉地把他们许多个人劳动力当做一个社会劳动力来使用。"①在资本主义社会中，广大劳动者因为丧失生产资料只能靠向资本家出卖劳动力为生，殊不知劳动力市场上早已形成了供过于求的局面，所以他们在不自觉中成了资本家用于制造恶性竞争的工具。广大劳动者为了谋生只能竞相压低身价，以便换取一个进入雇佣劳动体系承受异化劳动的就业机会。他们各自之间的劳动力在相互抵触的背景中不可能形成强大合力，反倒在此消彼长中被白白浪费。与此形成鲜明对比的是，在社会主义社会中，广大劳动者在自觉自愿的基础之上联合起来，积极主动地和属于他们自己的生产资料发生交互作用。劳动者之间再也不像资本主义社会的资本家那样是"你死我活"的恶性竞争关系，而是互帮互助的联合劳动关系，从而汇聚成强大的社会劳动合力。基于两种不同劳动模式的充分比较，马克思进一步提出："只有当社会生活过程即物质生产过程的形态，作为自由联合的人的产物，处于人的有意识有计划的控制之下的时候，它才会把自己的神秘的纱幕揭掉。"②也就是说，在资本主义生产方式确立之后，受资本增殖欲求支配的资产阶级所主导的社会生产在创造"强大"生产力的同时也制造了工人阶级的相对贫困，这种模式似乎在暗示所有的个体劳动者在巨额的社会财富面前只能接受任其支配的命运。然而，马克思认为社会生产过程本身没有什么神秘性可言，只要广大劳动者在自觉自愿的基础上联合起来，并根据市场上的真实消费需求制定切实有效的生产计划，他们就能在生产劳动中充分体会到自身的主体性力量，这就需要构建取代资本主义生产方式的社会主义社会生产形态。

社会主义社会所构建的生产资料公有制从源头上清除了束缚劳动者主体性的

① 《马克思恩格斯全集》（第44卷），人民出版社2001年版，第96页。
② 《马克思恩格斯全集》（第44卷），人民出版社2001年版，第97页。

制度性要素，将广大劳动者从私有制所致使的异化劳动状态下解放出来，就如马克思所说："在社会主义的前提下，人的需要的丰富性具有什么样的意义，从而某种新的生产方式和某种新的生产对象具有什么样的意义。"①也就是说，社会主义社会取消了生产资料私有制对于资产阶级特权的保障以及对于工人阶级正当权益的压制，人的本质力量在社会主义社会生产中得到恢复和回归。一旦广大劳动者拥有了生产资料，他们就能有针对性地根据自身丰富多样的消费需求来制定劳动规划，这样的本真劳动不再是为了应承资本的非正义欲求而被迫交出对于自身力量的主导权，而是出于满足自身丰富需要所开展的主体性活动。因此，社会主义社会绝不可能像资本主义社会那样只会依从资本驱使来行事，而是依据民众的丰富需求来合理安排整个社会的生产计划，就如恩格斯所说："在这个全新的社会组织里，工业生产将不是由相互竞争的单个的厂主来领导，而是由整个社会按照确定的计划和所有人的需要来领导。"②资本主义社会中的生产主要交由资本家们各自独立完成，并美其名曰为展开充分的不受行政干预的市场竞争。然而事实证明，单个资本家开展生产的目的就是实现自身的发财致富，这种非理性地扩大生产的欲求根本无法顾及市场上的有限消费需求，终将导致生产过剩以及经济危机的爆发。在马克思恩格斯所倡导建立的社会主义社会中，其生产的根本目的是尽可能地满足全体社会成员的合理需求，这就在根本上杜绝了资本为了谋利而盲目扩大再生产以及推进恶性竞争的可能性。社会主义社会的生产劳动可以在政府合理规划的主导下根据广大民众的真实需求来逐步展开，从而有效地避免了生产过剩以及相应的资源浪费。社会主义社会的生产目的不再是谋求少数食利者阶层的资本增殖，而是通过创造充裕的劳动产品来逐步满足全体民众的合理生活需求。这既积极杜绝了异化劳动的发生，又有效避免了因盲目追逐利润而造成的生产过剩危机。再者，社会主义社会在最大程度上消灭了不劳而获的少数特权阶级，并在此基础上通过合理规划来指导全体民众积极参与生产活动，从而在稳步

---

① 《马克思恩格斯文集》(第 1 卷)，人民出版社 2009 年版，第 223 页。

② 《马克思恩格斯文集》(第 1 卷)，人民出版社 2009 年版，第 682~683 页。

提升生产力的过程中提供充裕的就业岗位，确保每一位社会成员在创造劳动产品的过程中充分体会到劳动的自由自觉性。

三、社会主义社会生产要恢复劳动者的主体地位

以资产阶级为经济主导力量的资本主义社会"顺理成章"地在政治上固化了以资产阶级压迫工人阶级为标志的阶层关系，这一点具体表现为资产阶级在经济、政治、文化和社会地位等方面形成了对工人阶级的全方位统治。众所周知，资本主义社会之所以能够集聚被资产阶级所占有的巨额社会财富，根本原因就在于对于劳苦大众实施了非正义的剥削和压榨。然而，工人阶级在"促成"资产阶级发家致富的同时却一直处于相对贫困的状态。面对这种非正义的阶级差别，资产阶级总是大肆传播一种错误论调，"一定要有一个阶级无须为生产每天的生活必需品操劳，以便有时间为社会从事脑力劳动"[1]。显而易见，这种观点就是为了防止工人阶级的自我觉醒而刻意炮制的"迷魂药"，其过度夸大了资产阶级在社会生产过程中的组织管理作用，试图以此维持资产阶级在经济领域中不劳而获的非正义地位。随着工人阶级对于自身被统治地位的日益不满，"他们越来越被迫起来要求利用这种财富和生产力来为全社会服务，以代替现在为一个垄断者阶级服务的状况"[2]。面对日益膨胀的社会财富被少数资产阶级据为己有的非正义现象，工人阶级迫切要求改变自己终日辛勤劳作却只能维持基本生存的不公事实。他们呼吁要在所有的社会成员中分配这些社会财富，并推翻资产阶级利用自身在经济层面的掌控优势所形成的社会统治地位。

面对工人阶级自我意识的逐步觉醒，彻底改变这种以压迫劳动者为发展基础的非正义性社会形态已经成为大势所趋。而社会主义社会生产方式则能够在彻底改造资本主义生产方式的基础上恢复人与人之间的平等关系，尤其是充分彰显和保障广大劳动者的主体地位，就如马克思恩格斯在《德意志意识形态》一书中所

---

[1]　《马克思恩格斯文集》(第3卷)，人民出版社2009年版，第258页。
[2]　《马克思恩格斯文集》(第3卷)，人民出版社2009年版，第87页。

说："但随着基础即随着私有制的消灭，随着对生产实行共产主义的调节以及这种调节所带来的人们对于自己产品的异己关系的消灭，供求关系的威力也将消失，人们将使交换、生产及他们发生相互关系的方式重新受自己的支配。"①资产阶级压迫无产阶级所"仰仗"的经济保障就是生产资料私有制，前者正是借此在压榨后者的基础上形成并固化了自己的统治地位。作为共产主义第一阶段的社会形态，社会主义社会着手在逐步消灭私有制的基础上将生产资料分配给全体社会成员，它的生产目的不再是实现少数掌握生产资料的有产阶级所谋求的资本增殖，而是尽可能地满足全体成员的合理消费需求。社会主义社会生产中的广大劳动者不仅拥有自身所创造的劳动产品，而且把作为谋生手段的劳动转变为实现个人价值的自由自觉性的主体活动。在这种生产劳动模式下，人与人之间自然而然地形成了友善互助的良好交往关系。

恩格斯随后在《共产主义原理》这本小册子中又预测了未来社会主义社会中的场景，他这么说道："最后，当全部资本、全部生产和全部交换都集中在国家手里的时候，私有制将自行灭亡，金钱将变成无用之物，生产将大大增加，人将大大改变，以致连旧社会最后的各种交往形式也能够消失。"②废除了私有制的社会主义国家彻底消除了少数食利者阶层占据绝大部分生产资料的非正义现象，其能在奠定生产资料公有制的基础上组织所有劳动者开展社会化大生产，这样就能够依据市场上的真实消费需求大批量制造相对应的生活资料，而不是只重点生产在资本看来有利于自身增殖的特定商品。整个社会被少数唯利是图的资本家所掌控的现象将被彻底改变，资产阶级必将失去他们原本用来压制劳动阶级的一切特权。再者，社会主义社会的生产力也获得了进一步发展的可能性，它可以在社会全体成员的合理规划下得到充分释放和施展，就如恩格斯所描绘的那样，"把生产发展到能够满足所有人的需要的规模；结束牺牲一些人的利益来满足另一些人的需要的状况"③。社会主义国家的社会化大生产不仅能够创造出供全体成员所

---

① 《马克思恩格斯文集》(第1卷)，人民出版社2009年版，第539页。
② 《马克思恩格斯文集》(第1卷)，人民出版社2009年版，第687页。
③ 《马克思恩格斯文集》(第1卷)，人民出版社2009年版，第689页。

需要的充裕物资，而且彻底剥夺了少数食利者阶层掠夺绝大部分社会财富的非正义分配特权，确保每一个个体都能享受到因社会财富的增加而带来的多方面需求的满足。

恩格斯还进一步在《论住宅问题》一文中畅想道："在所有的人实行明智分工的条件下，不仅生产的东西可以满足全体社会成员丰裕的消费和造成充足的储备，而且使每个人都有充分的闲暇时间去获得历史上遗留下来的文化——科学、艺术、社交方式等等——中一切真正有价值的东西。"①在恩格斯的设想中，社会主义社会将彻底清除不劳而获的特权阶级，并在依据每一位社会成员实际能力的基础上推行人人劳动的生产模式，从而充分调动"为自己而生产"的广大民众从事生产劳动的积极性。就这样，成功消灭剥削和压榨等非正义现象的社会主义社会终将创造出为全体民众所共享的生产资料和生活资料，从而将广大劳动者从繁重的体力劳动中解放出来。他们在拥有充裕生活资料的基础上再也不需要花费大量时间和精力来苦苦谋生，而是拥有了更多的可以自由支配的时间来满足精神层面的各类需求。进一步地说，因为社会主义社会中的生产资料归全体社会成员所有，所以广大民众能够在自觉自愿的基础上开展联合劳动，这就从根本上消除了雇佣劳动体系下资本家对于劳苦大众的剥削和压榨。这种人人自愿参加劳动的生产模式在极大程度上调动了劳动者的生产积极性和生产效率，再加上这一阶段的生产劳动已经不再是谋生手段，而是升级为实现包括自身在内的全体成员美好生活需求的必经途径，这些因素都有助于整个社会在合理规划的前提下制造出日益充裕的供全体成员所消费的生活资料。就这样，广大劳动者不再为维持基本生存而终日从事繁重的异化劳动，而是在自主劳动之余还拥有了充分的可自由支配的闲暇时间，从而实现物质和精神上的双重自由。

四、马克思恩格斯生产正义论的当代价值

综上所述，资产阶级通过各种非正义手段割裂了劳动者和劳动条件的密切联

---

① 《马克思恩格斯文集》(第3卷)，人民出版社2009年版，第258页。

系，从而在占据生产资料的基础上开启了资本主义社会化大生产的进程，并在这一过程中大肆攫取工人阶级在承受异化劳动的情境下所"上交"的剩余价值。就这样，资本主义社会生产所积累的巨额财富造就了赚得"盆满钵满"的资产阶级，束缚了终日劳作却只能保持相对贫困状态的工人阶级，固化了资产阶级对于无产阶级的绝对掌控关系。毋庸置疑，资本主义社会生产的开启前提、运行过程以及最终结果都是非正义的。马克思恩格斯正是在批判资本主义社会生产模式的基础上，运用唯物史观和政治经济学理论构建出符合正义精神的社会主义生产理论。

资本主义社会的非正义生产所造成的贫富悬殊、经济危机以及阶级对抗等现象终将摧毁由工人阶级所创造的全部社会财富，恩格斯为此指出，"如果要避免整个现代社会毁灭，就必须使生产方式和分配方式发生一个会消除一切阶级差别的变革"①。资本主义社会生产无序扩大的本性会导致整个社会陷入绝境，它最终被成功消灭剥削和压迫的社会主义社会所取代自然是理所应当的正义之事。和资本主义社会截然相反的是，社会主义社会生产得以开启的基础是生产资料公有制，这就从根源上杜绝了少数特权阶级凭借占据劳动资料的"先行"优势剥削其他阶级的可能性。当然，确立生产资料公有制的决定性地位需要工人阶级联合起来"实行社会革命，把社会生产力从过时的社会制度的桎梏下解放出来"②，资产阶级当然不可能主动放弃依靠剥夺工人阶级的剩余价值来发财致富的"寄生"途径，他们会想尽一切办法来维护和巩固私有制的统治地位。面对这种情形，工人阶级唯有摒弃"和平夺权"的空想，坚决通过暴力革命的方式彻底改造资本主义生产方式，在消灭私有制的基础上去除生产劳动的异化本质，就如恩格斯所说，"只要我们消灭了私有制，这种反常的分离就会消失"③。也就是说，资本主义社会中的生产资料私有制从根本上说是维护资产阶级通过资本原始积累以及后期经济剥削所积累的私人财富，广大劳动者在雇佣劳动模式之下只能换回一些维持基本生存的薪资报酬，当然不可能有什么需要保护的私人财产。与此不同的是，社会主

---

① 《马克思恩格斯文集》（第9卷），人民出版社2009年版，第165页。
② 《马克思恩格斯文集》（第4卷），人民出版社2009年版，第336页。
③ 《马克思恩格斯文集》（第1卷），人民出版社2009年版，第72页。

义社会将在逐步消灭私有制的基础上重构正义性的生产模式，以此确保每一个个体在生产资料公有制的前提下获得展开自主劳动的权利，这样就把资本主义生产方式之下的强制性雇佣劳动改造为自愿联合基础上的共同劳动，从而充分调动劳动者在社会化大生产中的劳动积极性。

马克思恩格斯的生产正义论对于当代中国开展社会主义市场经济建设也有很多宝贵的启示。如上所述，马克思恩格斯反复强调，生产资料所有制关系是生产关系中的决定性要素，资本主义社会生产的非正义性根源就在于私有制对资产阶级剥削特权的制度性保护。我们要想构建正义性的社会主义生产方式，首先在理论上要认识到"一定的生产决定一定的消费、分配、交换和这些不同要素相互间的一定关系"①。所谓"一定的生产"指的是某种所有制之下的生产活动，它不仅是生产过程中的支配因素，而且决定了此后的分配形式和消费状况。资产阶级正是借助生产资料私有制占据了绝大部分生产资料，进而全面把控生产、分配和消费的运转过程，最终造成贫富悬殊和两极分化等不公现实。相比较而言，生产资料公有制可以确保全体劳动者共同占有生产资料和共同参与生产过程，并创造出大量物质财富。当代中国要依循马克思恩格斯所倡导的生产正义论，在社会主义生产实践中确立生产资料公有制的决定性地位，从根源上消除少数食利者"不劳而获"的可能性，从而推动全体民众积极主动地生产社会财富，为后续的个体发展创造出充裕的生产资料和生活资料。

但需要注意的是，当代中国仍处于社会主义初级阶段，生产力水平还不够发达，不平衡不充分的发展状况依然存在，当下不可能在生产关系上实行百分之百的公有制形式。当代中国要想实现共同富裕的宏伟目标，在生产过程中需要将马克思恩格斯的生产正义理论同具体国情相结合：一方面，我国要毫不动摇地坚持生产资料公有制的决定性地位，就如邓小平所说："总之，一个公有制占主体，一个共同富裕，这是我们所必须坚持的社会主义的根本原则。"②以公有制为主和

---

① 《马克思恩格斯全集》（第 30 卷），人民出版社 1995 年版，第 40 页。

② 《邓小平文选》（第 3 卷），人民出版社 1993 年版，第 111 页。

追求共同富裕是社会主义社会化大生产的内在要求和必须要实现的奋斗目标，是坚定不移地要秉持的根本原则，这一点完全遵循了马克思恩格斯一直强调的社会主义国家要确立生产资料公有制的基本精神。另一方面，我国还要坚持以公有制为主体、多种所有制经济共同发展的基本经济制度，就如习近平所说："大力发挥公有制经济在促进共同富裕中的重要作用，同时要促进非公有制经济健康发展、非公有制经济人士健康成长。"①社会主义国家因坚持生产资料公有制而在最大程度上防止了资本的干预和驱使，也行之有效地避免了经济危机、贫富悬殊和阶层对立等非正义现象的产生，为实现广大民众全面而自由的发展奠定了坚实基础。当然，考虑到当代中国仍处于社会主义初级阶段这一基本国情，社会主义社会的生产活动在追求实现共同富裕这一伟大目标的过程中既要发挥公有制经济的主导作用，同时也不能忽略非公有制经济的辅助性影响，要同时促进它们的健康发展。

总之，马克思恩格斯生产正义论对于社会主义国家践行符合正义精神的生产模式提供了科学指导。以生产资料公有制为主体的所有制形式在最大程度上清除了少数人占据绝大部分生产资料的可能性，并确保了社会主义国家的生产目的不再是谋求少数人的财富增值，而是为了满足全体民众实现美好生活的合理需求。社会主义生产资料公有制主导下的生产劳动自然会调动广大劳动者的积极性、主动性和创造性，从而有序形成全体劳动者"共创财富"的奋斗格局，并在有效地推动社会化大生产高度发展的基础上逐步积累起大量社会财富，为扎实开展后续的分配和消费过程做好物资储备。

---

① 习近平：《扎实推动共同富裕》，《求是》2021 年第 20 期。

第三章　分配正义是马克思恩格斯
正义论的践行路径

生产正义是马克思恩格斯正义论的核心诉求，只有先行确立正义性的生产形式才能为紧随其后的分配方式奠定扎实的经济基础，而正义性的分配方式也能在公平分配财富的实践过程中促进生产形式的进一步落实和发展。然而，被资本主义非正义生产形式所决定的分配方式自然在本质上也是非正义的，它在一味地偏袒资产阶级利益的推行过程中不可避免地造成了资本主义社会中的贫富悬殊和两极分化现象，进而造成了日趋激烈的阶级对抗。面对资本主义社会所实施的这种非正义分配方式，资产阶级政治经济学家们只顾着论证资本增殖的合理性以及社会贫困的永恒性，根本无暇顾及广大劳动者所遭受的非正义苦难。正是在这种情况下，心系劳苦大众的马克思恩格斯深入研究了资本主义分配方式的历史成因和内在弊病，不仅为建立社会主义社会的正义性分配方式做好了理论探索，而且为在现实生活中落实这一分配方式指明了践行路径。

第一节　资本主义社会分配结果的非正义性

资本主义社会中的工人阶级通过不惜体力地终日劳作创造出"前所未有"的海量劳动产品，这在理论上为整个社会开展公平公正的财富分配奠定了较为充裕的物质基础。然而在现实生活中，资本主义分配方式不但没有依据广大劳动者所承受的繁重劳动量给予相匹配的收入回报，反而在尽可能地压低工人阶级工资的前提下为资产阶级输送尽可能多的利润，这种只为统治阶级利益服务的分配方式的非正义性被暴露得一览无余。随着时间的推移，资本主义的非正义分配方式不仅形成了资产阶级和无产阶级在经济层面的贫富悬殊现象，而且相应地造成了两者在政治层面难以调和的矛盾冲突，这些都逐步将整个资本主义社会推向自我毁灭的边缘。

一、资本主义分配方式造成了贫富悬殊现象

资本主义生产方式自 19 世纪中期起有力地推动了欧洲主要工业国的经济发展，使得资产阶级拥有的财富获得了"令人陶醉的增长"①，然而，与这一表面繁荣形成鲜明对比的则是"工人阶级的广大群众的生活水平到处都在深深地下降"②。显而易见，阶层之间的贫富悬殊问题已然成为资本主义国家难以摆脱的"痼疾"，而完全偏向资产阶级利益的资本主义分配方式则是造成这一非正义社会现象的根本原因。如前所述，资产阶级通过占据生产资料的"先行"优势获得了制定社会财富分配方案的权利，而其中最关键的环节就是他们迫使工人阶级签订出卖自身劳动力及其劳动产品的所谓正义契约。众所周知，这种雇佣劳动合同在形式上表现为工人阶级"心甘情愿"地接受了"按劳取酬"的"正义性"方案，资产阶级也借此吹嘘是自己所提供的就业机会"养活"了众多劳动者。然而，该合同在本质上则是对资产阶级无偿剥夺无产阶级所创造的剩余价值这种不公事实的法律保障，并终将导致两大阶级在经济收入层面的两极分化。

面对资本主义社会中比比皆是的贫富悬殊现象，任何一个有良知的学者都应该关切这一现实，并通过理论研究来探寻解决方案。马克思在考察西欧几个主要资本主义国家的基础上总结道："因此，在社会的衰落状态中，工人的贫困日益加剧；在增长的状态中，贫困具有错综复杂的形式；在达到完满的状态中，贫困持续不变。"③也就是说，资产阶级凭借非正义的分配方式独吞了工人阶级通过资本主义社会化大生产所创造的财富，以至于后者一直摆脱不掉因经济层面的相对

---

① 《马克思恩格斯文集》(第 3 卷)，人民出版社 2009 年版，第 8 页。
② 《马克思恩格斯文集》(第 3 卷)，人民出版社 2009 年版，第 10 页。
③ 《马克思恩格斯文集》(第 1 卷)，人民出版社 2009 年版，第 122 页。

贫困所带来的生存束缚。资产阶级与工人阶级的生活状态也因彼此之间的收入差距而存在着极为明显的反差。就"极端"情况来看，资产阶级哪怕是身处经济危机时期也能因前期所积累的巨额财富而安然度过，更不必提他们在经济"繁荣"时期所"享受"到的极尽奢华的生活；而工人阶级即便是身处经济"繁荣"时期也因收入微薄而只能满足基本物质生活需求，更不必提他们在经济危机时期会遭遇到无法抵御的生存困境。一言以蔽之，不管资本主义国家的总体社会财富处于何种状态，工人阶级都无法摆脱持续贫困的现实境遇。

展开来说，当资本主义国家遭遇严重经济危机以至于社会财富发生明显衰落时，大批工人因丧失工作机会而变得一贫如洗，连最起码的生存都难以维持。面对这种悲惨的景象，马克思特地引用亚当·斯密的话来表达自己的感慨，"没有一个阶级像工人阶级那样因社会财富的衰落而遭受深重的苦难"①。工人阶级一般都是由丧失生产资料的体力劳动者转化而来，他们在失去劳动对象后只能靠在资产阶级开设的"血汗工厂"里出卖劳动力为生，全部的经济收入只能来自资本家所支付的那一点微薄的工资。一旦经济危机来临，大量工厂因所生产的过量商品无法售出而导致资本循环中断，作为资本人格化代表的资本家此时不但不会反思自身盲目扩大生产的过错，反而争相采取"裁员降本"这种无视工人生计的不负责手段。就这样，作为资本扩张失败的"替罪羊"的大批工人在失业后很难找到其他谋生手段，只能陷入连基本生存都无法维持的深重灾难中。在丧失生产资料和经济来源之后，蜗居在城市贫民窟中的失业工人的身体健康也随之被毁，恩格斯义愤填膺地在《英国工人阶级状况》一书中说道："在苏格兰和爱尔兰，在商业危机或歉收所造成的每一个匮乏时期都有伤寒病流行，而且这种病几乎专在工人阶级中间肆虐。"②工人阶级在失业前所拿到的劳动报酬大多只能维持自己及家人的基本物质需求，很难应付突发疾病所致使的额外支出。一旦经济危机来袭，他们更是因为收入下降而无法抵御流行性疾病的冲击，只能任由这些病菌在人群中大范

①　《马克思恩格斯文集》(第1卷)，人民出版社2009年版，第119页。
②　《马克思恩格斯文集》(第1卷)，人民出版社2009年版，第414页。

围传播。更为糟糕的是，工人在生病之后也无法及时获得医治，因为医生所收取的治疗费用远远超出了工人所能承受的支出上限，就如恩格斯所说，"工人是出不起这笔费用的"①。显而易见，资本主义国家中的医疗体系只是为资产阶级这些富人阶层服务的，对于无法支付高额医疗账单的广大劳动者来说，他们只能等待"因贫致死"的凄惨结局。

相较而言，即便资本主义国家经过长时间发展使得社会财富达到顶峰状态，工人阶级也不会因此过上衣食无忧的富裕生活，就如马克思所说："社会的最富裕状态……对工人来说却是持续不变的贫困。"②造成资本主义社会中这种非正义悖论现象的根本原因就在于，正是劳苦大众在终日劳作后还处于持续贫困的这种"无私奉献"行为"推动"整个国家的财富积累达到顶峰状态。具体来说，当某个资本主义国家中的工人阶级创造出"令人瞩目"的财富总量时，整个社会自然也就达到了最富裕状态，这在某种程度上也意味着市场上有待出售的商品也达到了最大数值。如果说资本主义分配方式是按照劳动者的实际劳动量给予同等工资回报的话，那么作为劳动产品唯一创造者的工人自然就能获得丰厚的报酬，在这种理想化的正义情境中，"手头宽裕"的工人就能够积极主动地去购买市场上的各类商品，消费与生产的顺畅流转自然会进一步促进经济繁荣。然而事实正好相反，资本主义社会中绝大部分的社会财富被分配给了人口总数极少的资产阶级，而他们总体的消费量肯定是相对有限的，这就导致大量商品无法被顺利交换成货币。生产总量远远超出消费需求的经济事实将不可避免地导致生产过剩现象的出现，工人们也只能"眼睁睁"地看着自己所创造的社会财富被逐渐摧毁，又怎能指望自己的经济收入能因经济繁荣而得到显著改善。再者，假定某个资本主义国家的财富积累终于在某一阶段达到完满状态，那么此时的国家人口总数也会达到饱和状态。再繁荣的市场也容纳不下规模如此庞大的劳动力大军，这就会引发激烈的就业竞争，大部分劳动者为了获取工作机会只能接受工资大幅下调的苛求，导致自

---

① 《马克思恩格斯文集》(第 1 卷)，人民出版社 2009 年版，第 417 页。
② 《马克思恩格斯文集》(第 1 卷)，人民出版社 2009 年版，第 124 页。

己在经济"繁荣"期也依然改变不了相对贫困的生活状态。

　　鉴于上述两种情况，马克思明确指出："现在且以财富正在增长的社会来说。这是对工人唯一有利的状态。"①既然工人阶级在资本主义社会财富衰败期和鼎盛期都只能处于贫困状态，那么也只剩下社会财富增长期这最后一种状态有可能对他们有利。其中的原因就在于，社会财富不断增长意味着不断扩大的生产规模尚未超出社会的有效消费需求，两者之间尚未失衡的良性循环保证了整个社会对于劳动力商品的需求也处于稳步上升状态。广大劳动者在这种经济发展环境中大多保有一份报酬虽少但相对稳定的工作，这样起码可以维持自己以及家人的基本生存。然而，社会财富不断增长同时也意味着资产阶级从工人阶级手中所剥夺的剩余价值量也在逐渐增大，而这是他们通过攫取绝对剩余价值和相对剩余价值两种手段所实现的。不管是哪一种手段，都意味着工人阶级所付出的剩余劳动时间在持续增加，也就是说他们所承受的劳动时间或劳动强度也在与日俱增，马克思曾经描述过资本主义社会中这种非正义的劳动环境，"工作日从 12 到 14 或 15 小时不等，此外还有夜间劳动，没有固定的吃饭时间，而且多半是在充满磷毒的工作室里吃饭"②。就是凭借无限制增加劳动时间或提升劳动强度这种超越劳动者生理极限和道德极限的非正义手段，资产阶级得以攫取到更多的剩余价值，而工人阶级为了换回劳动报酬也只能"忍气吞声"地承受着异化劳动的折磨。他们的工作环境和生活待遇并没有因社会财富的增加而得到改善，唯一可以"聊以自慰"的就是至少还有一份能够维持生存的工作。更为糟糕的是，工人阶级所承受的繁重劳动并未给自己带来富足的生活，反倒是进一步拉大了自身和资产阶级之间的贫富差距，就如马克思所说，"工人自己的劳动越来越作为别人的财产同他相对立"③。资产阶级的财富积累速度在经济增长期明显加快，而工人阶级的贫穷状况则依然没有改观。

　　总之，资本主义分配方式不可避免地造成了资产阶级和无产阶级之间贫富悬

---

① 《马克思恩格斯文集》(第 1 卷)，人民出版社 2009 年版，第 119 页。
② 《马克思恩格斯全集》(第 44 卷)，人民出版社 2001 年版，第 286 页。
③ 《马克思恩格斯文集》(第 1 卷)，人民出版社 2009 年版，第 120 页。

殊的非正义现象。在生产资料分配过程中占据主导优势的资本家通过雇佣劳动模式掌控着整个生产过程，并以所谓正义契约为名占有了工人所创造的全部劳动产品，然后通过出售商品攫取绝大部分利润，却只把最低限度上的工资支付给工人。随着生产规模的不断扩大，资本家所获得的利润与日俱增，但工人的工资却依然维持在较低层面。哪怕是在资本主义经济"繁荣"期，工人想要提高工资也只能通过各种抗争才能勉强如愿。而且工人们即便拿到了更高工资，考虑到经济"繁荣"期需要支出的消费成本也会随之提高，那么这些增加的收入依然无法转化为他们所能积累的个人财富。显然，这种非正义分配格局终将导致"在一极是财富的积累，同时在另一极，即在把自己的产品作为资本来生产的阶级方面，是贫困、劳动折磨、受奴役、无知、粗野和道德堕落的积累"①。也就是说，资本主义社会中资产阶级和工人阶级之间的贫富悬殊现象是不可避免的，而造成这种两极分化的原因不是工人阶级不愿意从事劳动，反倒是他们因劳动得"太多"而创造了大量的剩余价值，以至于源源不断地为资产阶级的发财致富提供"助力"。

二、资本主义分配方式激化了阶级关系的对抗

资本主义社会的非正义分配方式不仅造成了贫富悬殊这一不公事实，而且导致资产阶级凭借自身的"雄厚"财力在经济、政治、文化等领域形成了对于工人阶级的全方位压制。占尽一切优势的资产阶级自然会利用各类上层建筑来固化自身在经济基础领域中的主控地位，他们针对工人阶级所实施的披着正义"外衣"的经济压榨只会越发地"肆无忌惮"，这肯定会进一步激化两者之间的对抗。

资本主义分配方式所依赖的制度基础就是生产资料私有制，正是这一生产关系形式确保了资产阶级占据劳动资料以及分配劳动产品的"霸权"，也是他们绝对不会主动放弃的特权性要素。面对资本主义社会中的这种非正义分配格局，恩格斯一针见血地指出："只要大工业的发展水平还没有达到足以使自己完全挣脱私有财产的羁绊，它就不能容许现存方式以外的其他任何分配产品的方式，资本家

---

① 《马克思恩格斯全集》(第44卷)，人民出版社2001年版，第743~744页。

就还要把利润装进自己的口袋，工人在实践中也会越来越清楚地认识到什么是最低工资。"①资本主义生产方式得以开启的前提就是依托私有制来确保资产阶级占据生产资料的特权，从而为资本主义社会化大生产提供高度集中的劳动资料和人力资源。因此，资本主义大工业的发展是不可能离开生产资料私有制这一制度性保障要素的，为了巩固私有制在资本主义社会生产关系中的核心地位，它必然只认可由资本家独占社会财富这种非正义的分配方式。资本家自然会充分利用自己在分配过程中的绝对主导地位，他们会尽可能地在攫取更多利润的同时尽量压低支付给工人的劳动报酬。也就是说，资本主义生产关系中最关键的要素就是生产资料私有制，而私有制之下由资本家占据绝大部分生产资料的这一前提决定了造成社会贫富悬殊的分配方式不会有任何实质上的改变，资本家至多只会为了安抚无产阶级的奋力抗争而在工资待遇上做出稍许让步。一言以蔽之，资本家因谋求资本的持续增殖只会在分配过程中尽可能地压榨工人的剩余价值，而广大劳动者也会越来越清醒地认识到自身所遭受的残酷剥削不会自动改变，从而逐步酝酿出坚定的主动抗争意识。

　　面对工人阶级日益增长的觉醒意识，深感"大事不妙"的资产阶级首先想到的不是反思自身的非正义剥削行为并"让利于"劳苦大众，反倒是想方设法地加快攫取利润的节奏，并试图通过控制尽可能多的财富来增强压制抗争运动的"底气"。就这样，资本主义社会中的贫富悬殊现象不仅没有得到缓解，反而出现了进一步拉大的趋势，马克思对此评价道："社会财富在资本和劳动之间的分配更不平均了。资本家用同样多的资本支配着更大的劳动量。资本家阶级支配工人阶级的权力增加了，工人的社会地位更低了，比起资本家的地位来又降低了一级。"②工人阶级在所谓正义契约的管束下提前丧失了有关劳动产品的分配权，只能"眼睁睁"地看着自身所创造的社会财富被资产阶级所掠夺。这就不可避免地造成一种恶性循环，工人阶级所生产的劳动产品越多，资产阶级通过出售这些商品所掌握到的

---

①　《马克思恩格斯文集》(第 1 卷)，人民出版社 2009 年版，第 673 页。
②　《马克思恩格斯文集》(第 1 卷)，人民出版社 2009 年版，第 732 页。

资本就越多，后者支配前者的权限就会更大。资产阶级正是依托日益膨胀的身家财富"享有"了越来越多的非正义特权，并借此进一步压缩工人阶级的生存和发展空间，以期将其"焊死"在被统治阶级的位置上而不得挣脱。我们再来简单总结一下工人阶级逐渐被资产阶级所支配的过程：资本家首先凭借资本的力量购买生产资料和劳动力商品，为资本主义生产过程的开启做好了不变资本和可变资本的前期配置，接下来就是迫使工人阶级开展异化劳动的生产过程，并以极低的工资代价将工人阶级通过辛勤劳作制造出的劳动产品全盘收入囊中，最终通过出售这些商品而成功兑现其中所包含的剩余价值，从而实现资本增殖。显然，资产阶级在资本主义社会生产和分配过程中都占据了绝对主导优势，以至于工人作为劳动阶级只能维持基本生存，而资本家作为非劳动阶级却能不断地积累个人财富。随着生产规模的持续增大，资产阶级和无产阶级之间的收入差距越拉越大，从而导致两大阶级之间的冲突对抗愈演愈烈。面对急需调和的阶级矛盾，资产阶级只会想尽一切方法来巩固自身在经济领域的主控优势，并借此压制工人阶级发起的一系列抗争行动。

面对工人阶级组织的抗争行动，资产阶级自然不会主动放弃自身的经济资源和其他社会特权，而是采取了在表面上宣传虚假意识形态和在实际中增强压制力度的双重措施。因此，工人阶级如果想要争取自身权利就必须要摒弃一切对于资产阶级不切实际的幻想，尤其是期待通过和平抗议就能督促对方主动"让利于"自己的"幼稚"想法。资产阶级"一毛不拔"的特质在资本主义社会经济"繁荣"期表现得特别明显。这一时期随着社会生产力水平的提升，无产阶级所创造的社会财富与日俱增，但这并不意味着工人阶级的收入也会随之有同等幅度的增长，马克思不无讽刺地说道："当利润增长 20% 时，工人必须通过罢工才能提高工资2%。"[1]利润增长意味着资本家所积累的个人财富也在同步增加，不管他们是将这部分利润用于生产消费还是个人消费，其结果都是实实在在地增加了自身的财富总值。与此同时，利润增长自然也意味着资本家所榨取到的剩余价值量也在同

---

[1]　《马克思恩格斯文集》(第 10 卷)，人民出版社 2009 年版，第 123 页。

步增加，而这些增长的财富基本上都来自工人阶级的加倍劳作，但后者的劳动报酬却不会因此而得到增加，资本家还是会"一丝不苟"地按照所谓正义契约中签订的数字来给付工资。显然，资产阶级丝毫不会因这种有违正义精神的分配方案而心生愧疚，他们只会声称不提高工资是"遵守"契约的职业行为。面对这种不公现象，工人阶级只有奋起反抗才能从增加的利润中多拿回一点原本就属于自己的财富。就这样，资产阶级凭借在生产和分配过程中的主导优势肆意攫取工人阶级所创造的剩余价值，社会财富的不断增加只会进一步拉大两者之间的收入差距。除非遭到工人阶级的全力反抗，资产阶级才会被迫象征性地做出一些让步，从由工人阶级所创造的利润中再挤出一小部分来提高他们的工资，这种吝啬的"妥协"对于缓和两者之间的激烈冲突毫无作用。

从长远来看，既然资本家已经在分配过程中占据了全部生产资料和绝大部分社会财富，那么这种非正义的分配方式必然会造成资产阶级在经济上对于无产阶级的绝对统治地位。无产阶级除了出卖自身劳动力之外根本无法维持生存，只能被迫进入雇佣劳动体系，并通过不断再生自身的劳动能力以及持续提供剩余价值而被迫沦为维持这种体系的"中坚力量"，就如恩格斯所说："劳动产品在剥削者和被剥削者之间的分配越来越不平等，无产阶级的人数日益增多，其生活状况越来越没有保障，等等。"[1]如前所述，资本主义生产方式下的工人阶级在生产过程中不仅制造出劳动产品，而且还不断再生出自身和资产阶级。所谓"生产出自身"就是工人阶级依靠出卖劳动产品所换回的工资来完成个人消费，借此再生产出继续参与生产消费的劳动能力。而所谓"生产出资产阶级"就是资本家通过占有全部劳动产品及其价值而不断壮大自身所拥有的资本实力。尽管工人所创造的劳动产品随着生产力水平的提升而不断增加，但在资本主义非正义分配方式约束下，它所转换成的拥有再生劳动力的工人与拥有更多货币财富的资本家之间的力量对比越发失衡。

资产阶级因在分配过程中攫取的利润越来越多而身价暴涨，并借助经济领域

---

① 《马克思恩格斯文集》(第 4 卷)，人民出版社 2009 年版，第 420 页。

里的绝对优势进一步巩固自身作为统治阶级的主控地位，而工人阶级因在分配过程中只能得到一些维持生存的基本工资而一直处于相对贫困状态，并因在经济领域里的绝对劣势而不得不忍受作为被统治阶级的从属地位。正是因为这种非正义的分配方式，资产阶级手中积累的财富越来越雄厚，这使得他们用来控制社会生产劳动的资本力量也越来越强大。再者，资产阶级为了赚取更多利润而采取了不断提高资本有机构成的措施，也就是通过加大不变资本的投入而相应降低可变资本的支出。这种做法一方面通过对生产过程进行更新升级来降本增效，另一方面通过将大量失业工人抛入市场来维持劳动力之间的恶性竞争，迫使他们成为可供选择的、低价格的后备产业大军。就这样，工人阶级的辛勤劳作不仅没有帮助自己过上幸福安康的生活，反而越发加固了自身对于资产阶级的经济依赖和从属关系，他们只有发动社会革命才能从根本上改变这种非正义分配方式。

总之，资本主义生产关系所决定的分配方式造成了严重的阶级对立。在恩格斯看来，资本主义分配方式"造成了人数越来越少但是越来越富的资本家和人数越来越多而总的说来处境越来越恶劣的一无所有的雇佣工人之间的日益尖锐的对立"①。也就是说，资本家和工人之间的阶级对立呈现出极为鲜明的反差。从两大阶级各自拥有的人数总量上来看，随着雇佣劳动体系的日益固化，被迫进入资本主义异化劳动模式中的无产阶级及其后备军数量逐步增多，资本家作为置身于生产劳动过程之外的"食利者"数量则相应地越来越少。而从两大阶级各自拥有的财富总量上来看，人数稀少的资本家通过攫取人数庞大的工人阶级所创造的剩余价值囤积起越来越多的个人财富，而后者则在终日劳作之后却越发贫穷，这就不可避免地造成了资产阶级和无产阶级之间极为尖锐的对立和斗争。与此同时，资本主义社会也相应地出现了日益突出的阶层分化现象，就如恩格斯所说，"社会分为享有特权的和受歧视的阶级，剥削的和被剥削的阶级，统治的和被统治的阶级"②。资本主义社会的非正义分配方式不仅造成了不同阶层在财富收入上的巨

---

① 《马克思恩格斯文集》(第9卷)，人民出版社2009年版，第157页。
② 《马克思恩格斯文集》(第9卷)，人民出版社2009年版，第155页。

大差距，更为严重的是，这种经济上的差距还进一步固化了阶层之间的鸿沟，尤其是"有利于"资产阶级通过掌握无产阶级的经济命脉而"夯实"自己作为剥削式统治阶级的地位。换而言之，资本主义生产方式通过工业革命所造就的社会化大生产迅速在西欧诸国站稳脚跟并逐步确立了统治地位，从而在短时间内创造出数量惊人的社会财富。然而，后续的财富分配却以资产阶级攫取工人阶级所创造的全部剩余价值为主要形式，这种非正义的分配方式不但"造就"了拥有巨额财富的少数资本家，而且制造出数量庞大的挣扎在贫困线上的无产阶级，这一巨大的反差使得后者必定成为推翻资本主义制度的最为坚定的革命力量。

三、资产阶级政治经济学家对资本主义分配方式所造成结果的误释

资本主义社会中日益激烈的阶级对抗主要源自资产阶级在社会财富分配过程中对于无产阶级所实施的残酷剥削，这些富豪哪怕是从自己所掠夺的巨额社会财富中稍微分出一点给劳苦大众，也能行之有效地缓和一下阶级矛盾。但是作为资本的忠实代言人，资本家的毕生使命就是保障财富的不断增殖，因此任何"让利于"民众的经济举措对于他们来说都是无法容忍的。在阶级矛盾难以调和的社会环境下，固守自身经济利益的资产阶级所能想到的首选应对方案就是通过宣传虚假的意识形态来为自己作合法性辩护，以便在思想上蒙蔽工人阶级从而削弱他们的斗争意志，而落实这一方案的"重任"自然而然地就被资产阶级政治经济学家们"当仁不让"地承担了起来。

作为占据主流话语权的学界代表，资产阶级政治经济学家们本应该揭示资本主义社会贫富悬殊的背后成因，但其所关切的物质利益决定了他们只会为资本主义生产方式作辩护，就如马克思恩格斯所说："表现在某一民族的政治、法律、道德、宗教、形而上学等的语言中的精神生产也是这样。"[①]也就是说，资产阶级政治经济学家的话语体系是为资产阶级利益服务的，这就使得他们刻意忽略了资本主义社会贫富悬殊的非正义现实，反倒着力于"挖掘"资本主义生产方式下财富

---

① 《马克思恩格斯文集》(第 1 卷)，人民出版社 2009 年版，第 524 页。

积累的"秘诀"。除了反复强调"劳动是一切财富的泉源"①外，他们还总结出"机器本身增加生产者的财富"②"卖者享有贵卖商品的特权"③"节欲的牺牲"④等一系列致富理由，为资产阶级的滚滚财源作合理性辩护。从这些理由不难看出，资产阶级政治经济学家的眼中是没有工人的。他们似乎没有看到资本主义社会所积累的庞大财富正是来自工人所创造的劳动产品，反倒是把其来源归结为脱离了生产资料和劳动者的"纯粹"劳动、科技进步所带来的劳动工具的升级、商人享有的"低收高卖"的交易特权以及资本家的"道德品质"等因素。显然，这些理由都有意无意地抹杀了广大劳动者为了创造巨额社会财富所付出的沉重代价，资产阶级政治经济学家不曾说明资本主义生产方式所依赖的高度集中的生产资料和劳动力资源到底是从何而来，也不曾关心工人阶级为何在财富总量"蒸蒸日上"的资本主义社会中终日劳作却依然保持贫困状态，反倒是竭尽所能地论证资产阶级在财富积累过程中的"决定性"推动作用。更有甚者还把贫富悬殊现象归结为社会经济发展过程中的不变规律，恩格斯曾经以马尔萨斯的理论举例，指出其力求证明阶级之间的经济分化"是人类的宿命，是人类的永恒的命运"⑤。显然，在以马尔萨斯为代表的大部分资产阶级政治经济学家看来，既然贫富悬殊是人类社会发展进程的"永恒"现象，那么劳苦大众就不必因此而"愤世嫉俗"，而要为社会财富的总体增长感到"欢欣鼓舞"。就这样，对于资本主义社会中工人阶级的贫困境遇，资产阶级政治经济学家们大多报以"无动于衷"的态度，反倒"致力"于论证资产阶级发家致富的合理性。他们的政治经济学理论只会在劳苦大众中造成混淆视听的负面影响，让民众误认为自身的贫困是因为还不够聪颖和勤奋所致，从而沉迷于"揣摩"资产阶级所传播的"致富秘诀"，而不是通过社会革命从根本上剥夺资产阶级的非正义特权。

---

① 《马克思恩格斯文集》(第 3 卷)，人民出版社 2009 年版，第 80 页。
② 《马克思恩格斯全集》(第 44 卷)，人民出版社 2001 年版，第 508 页。
③ 《马克思恩格斯全集》(第 44 卷)，人民出版社 2001 年版，第 189 页。
④ 《马克思恩格斯文集》(第 8 卷)，人民出版社 2009 年版，第 175 页。
⑤ 《马克思恩格斯文集》(第 1 卷)，人民出版社 2009 年版，第 484 页。

　　针对资产阶级政治经济学家们对于资本主义非正义分配方式的误释以及由此所造成的对于工人阶级的误导，恩格斯犀利地批判道："这种从商人的彼此妒忌和贪婪中产生的国民经济学或发财致富的科学，在额角上带有最令人厌恶的自私自利的烙印。"①在恩格斯看来，资产阶级政治经济学自诞生起就不是一门服务于无产阶级的学问，因为它丝毫不关心劳苦大众的切身利益，反倒把研究重心放在为有产阶级探寻持续积累个人财富的实现途径上，至于这些"贪得无厌"之人所造成的贫富悬殊问题则不属于它的研究对象。从学科发展历程上来看，资产阶级政治经济学是资本主义工商业急速扩张背景下的理论产物，其在根本上是为了资产阶级实现资本持续增殖的目标而服务的。资产阶级政治经济学家们只会高谈阔论资本主义生产方式的致富机理，却闭口不谈这种生产方式所造成的贫富悬殊现实。也就是说，这一批经济学家只关注如何让资产阶级发财致富，却从不深究财富的深层次来源是否符合正义精神，更不会关怀这种财富积累所致使的民生疾苦，反倒"规劝"劳苦大众要学会"安贫乐道"。举例来说，以亚当·斯密、大卫·李嘉图为首的资产阶级政治经济学家们普遍认为劳动是一切财富的源泉，却闭口不谈生产资料的归属权在整个劳动过程中所起到的核心作用，因此无法从逻辑上解释工人阶级终日劳作为何没有致富，反倒让不劳而获的资产阶级赚得"盆满钵满"。正是基于资产阶级政治经济学家们在研究资本主义分配方式时的不作为，马克思针锋相对地指出："国民经济学由于不考察工人（劳动）同产品的直接关系而掩盖劳动本质的异化。当然，劳动为富人生产了奇迹般的东西，但是为工人生产了赤贫。"②在马克思看来，资产阶级政治经济学家们根本就没意识到，他们所研究的劳动已经在生产过程中发生异化，其彻底沦为资本家压榨工人阶级剩余价值的致富手段。他们依旧使用劳动的本初概念来解释资本主义生产方式所带来的财富增长，全然不顾经济"繁荣"背后的代价是工人阶级的持续贫困。

　　总之，只关注社会财富积累的资产阶级政治经济学家们为资产阶级的发财致

---

　　① 《马克思恩格斯文集》（第1卷），人民出版社2009年版，第56页。
　　② 《马克思恩格斯文集》（第1卷），人民出版社2009年版，第158页。

富而感到"欢欣鼓舞"，自然懒得深究工人阶级蒙受苦难的深层经济根源，也不会去剖析资本主义分配方式的非正义性，反而以贫困具有历史必然性的论调来搪塞民众。因此，资产阶级政治经济学不仅在理论上无法回应贫富悬殊这一时代难题，而且对肩负解放全人类这一历史重任的无产阶级产生了难以估量的负面影响，剖析贫富悬殊的内在成因并探寻改造资本主义分配方式的可能性已然成为人类历史发展进程中的迫切需求。时刻关注时代问题和民众疾苦的马克思恩格斯在批判资产阶级政治经济学家错误财富观的基础上直面社会现实，潜心研究资本主义分配过程的运行机制和各种弊病，积极构建破解贫富悬殊难题的分配正义论。

第二节　资本主义社会非正义分配方式的历史成因

资本主义分配方式造成了贫富悬殊、两极分化和阶级对抗等一系列非正义社会现象，这自然引起了社会上某些"有识之士"的重点"关注"，但他们都因缺乏马克思主义政治经济学的指导而对此"束手无策"。以亚当·斯密和大卫·李嘉图为代表的资产阶级政治经济学家因受限于既定的学术框架以及阶级立场，而把主要精力都放在为资产阶级探寻财富增长的实现路径上。至于分配方式这一重要议题，他们"至多只研究了劳动产品在工人和生产资料所有者之间分配的数量比例"①。也就是说，资产阶级政治经济学家在研究社会分配方式之前已经默认了资产阶级发财致富这一经济现象是无须置疑的合法且合理的现实，他们自然不会去揭示资本主义生产过程得以开启的非正义前提以及由此所决定的不公正分配方案，而是把研究重心放在探究劳动产品分配比例这一纯粹的技术性问题上。与此相对立的是，饱含人道主义情怀的早期空想社会主义者则将矛头直指造成社会两极分化的非正义分配方式，他们出于义愤强烈谴责了这种分配方案对于劳苦大众所造成的苦难，"并寻求乌托邦的手段来消除这种不公平现象"②。然而，早期空

---

① 《马克思恩格斯全集》(第45卷)，人民出版社2003年版，第21页。
② 《马克思恩格斯全集》(第45卷)，人民出版社2003年版，第21页。

想社会主义者的主要困境在于缺乏科学理论指导，他们只能空中楼阁式地提出平等享有社会财富的"宏大"目标并在实践中进行了一系列探索，但最终都无一例外地归于失败。显而易见，只有真正把握马克思主义政治经济学和唯物史观的科学原理，才能在揭示资本主义社会非正义分配方式内在机理的基础上制定出可行性解决方案。

一、资本主义社会分配方式的历史溯源

放眼人类历史长河，资本主义社会形态下的分配方式绝不是"从天而降"的，而是人类社会的主流分配方式经过长期发展后"蜕变"出的一种"特殊"形态。它既是广大劳动者在和自然发生交互作用的过程中所结出的"硕果"，又是他们在相互交往的社会化过程中所无心"打造"出的"桎梏"。这一分配方式"与众不同"的地方就在于，它使得人类社会在拥有巨额社会财富的经济环境中却造成了"空前绝后"的阶层之间的贫富悬殊现实，这具体表现为不事生产的资产阶级因占据绝大部分社会财富而赚得"盆满钵满"，而终日辛勤劳作的工人阶级却始终处于相对贫困的生存窘境中。显然，这种不合常理的反差充分显示出这种分配方式是有违正义精神的。然而，身处资本主义社会中的广大劳动者因缺乏政治经济学的基础知识而未能看穿资本主义分配方式的"缘起"和"归宿"，反倒在接受国民经济学的"熏陶"后觉得这种方式是社会经济生活中自然而然发展出来的结果，以至于误认为自己在财富分配过程中所遭受的各种非正义"待遇"是不得不经历的"正常"现象。面对社会上试图"粉饰"资本主义分配方式历史成因的论断，马克思坚决地批判道："诚然，不能否认，资本主义以前的社会出现过其他的分配方式，但是，人们把那些方式说成是这种自然分配关系的未发展的、未完成的、被伪装了的、没有被还原为最纯粹表现和最高形态的、具有异样色彩的方式。"[1]也就是说，马克思虽然认同资本主义分配方式确实是由历史上的其他分配方式逐渐发展而来的，但是坚决否认它是其他分配方式的最高完成形态。他主张务必要在追溯人类

---

[1] 《马克思恩格斯全集》(第46卷)，人民出版社2003年版，第993页。

社会分配方式发展史的基础上搞清楚它们之间的本质差别，以便从根源上搞清楚资本主义的这种非正义分配方式究竟是如何生成的。当然，要想在追溯历史的过程中彻底揭露资本主义分配方式的运行机制，就必须运用历史与逻辑相统一的方法论原则来对其加以剖析。换而言之，我们需要运用马克思主义政治经济学来透视资本主义分配方式的"秘密"，这一理论是将唯物史观和政治经济学知识完美地融合在一起的科学指导思想，可以用来揭示资本主义非正义分配方式的历史成因。

对于马克思主义政治经济学的学科属性，恩格斯曾经这样界定道："因此，政治经济学本质上是一门历史的科学。它所涉及的是历史性的即经常变化的材料。"①也就是说，政治经济学不是一门只关涉抽象经济理论的学科，它的研究目标是在考察人类社会不断变化的"特殊"经济现象的基础上总结出反映"一般"经济现象的普遍规律。因此，运用马克思主义政治经济学研究资本主义分配方式首先就得追溯其得以奠定的发展过程，只有充分了解这种"特殊"分配方式的"前世今生"，才能准确把握它得以"诞生"的"一般"基础。进一步说，在运用政治经济学研究社会分配方式的发展历程时最需要秉持的标准就是"一个社会的分配总是同这个社会的物质生存条件相联系"②，只有充分了解特定社会形态中体现其物质生存条件的生产方式，才能准确把握被其所决定的社会分配方式。

我们先来回顾一下资本主义非正义分配方式的"缘起"。作为人类发展史上最早期的社会形态，氏族公社在生产资料公有制的基础上开展由全体社员共同参与的生产劳动，这种生产方式肯定会衍生出由社会中的每一位成员平均享有劳动对象和劳动产品的分配方式，人与人之间自然也不会出现经济收入上的差距。但伴随公社制度的逐步解体，生产资料公有制也慢慢地被私有制所取代，而后一种生产方式肯定会造成由占据劳动对象的阶层享有绝大部分劳动产品的分配方式。资本主义生产方式则是这一发展进程中将生产资料私有制推广至"顶峰"的"极端化"表现，其得以奠定的前提就是在最大程度上完成劳动者与劳动对象的相互分

---

①　《马克思恩格斯文集》(第 9 卷)，人民出版社 2009 年版，第 153~154 页。
②　《马克思恩格斯文集》(第 9 卷)，人民出版社 2009 年版，第 155 页。

离，从而造成社会中几乎所有的生产资料都归属于资产阶级的非正义局面。不难推断，由资本主义生产方式所决定的分配方式只会完全偏向资产阶级，由其占据全部劳动产品的分配方案只会把有产阶级与无产阶级之间的经济收入差距拉伸至极限。恩格斯在《反杜林论》一书中较为详细地描述了上述过程，他这样说道："随着历史上一定社会的生产和交换的方式和方法的产生，随着这一社会的历史前提的产生，同时也产生了产品分配的方式方法。"①在恩格斯看来，人类社会中产品分配日益不公的现象是随着早期公社公有制的瓦解而逐步发展起来的。实行公有制的国家自然能在所有劳动成员之间实行劳动产品的平等分配，但随着私有制的兴起和早期公有制的衰落，"这种变革使个人之间分配上的不平等，即贫富的对立，日益增长起来。"②在以私有制为主的社会形态中，广大劳动者在分配生产资料的环节中就已经遭到极为明显的非正义对待。少数特权阶层在"成功"占据绝大部分劳动资料后还会以私有财产神圣不可侵犯为名来维护自身的既得利益，而在这一阶段占据绝对优势的阶层自然也会相应地掌控劳动产品的分配方案。尤其是，资本主义生产方式使得广大劳动者完全丧失生产资料，他们在生产资料和劳动产品的分配阶段中都处于被彻底支配的地位，以至于为了谋生只能沦为雇佣劳动体系下的异化劳动者，最终默默地忍受日夜劳作却日益贫穷的非正义结果。

我们接下来再预判一下资本主义非正义分配方式的"归宿"。从人类社会分配方式发展史中不难看出，特定社会形态中的生产方式是相应分配方式得以生成的决定性因素。然而，分配方式在现实经济生活的发展过程中终将和生产方式发生冲突，一旦这种矛盾发展到不可调和的阶段，旧的生产方式自然就要被新的生产方式所取代，相对意义上更加公平正义的分配方式也会得以产生。这一点在资本主义社会中表现得尤为明显。如前所述，资本主义分配方式一经产生，就在短时间内造成了社会阶层之间的贫富悬殊和两极分化，就如恩格斯所说的那样，"它存在还不到300年，而且只是从大工业出现以来，即100年以来，才占据统治地

① 《马克思恩格斯文集》(第9卷)，人民出版社2009年版，第154页。
② 《马克思恩格斯文集》(第9卷)，人民出版社2009年版，第154页。

位，而在这个短短的时期内它已经造成了分配上的对立"①。相比较而言，氏族公社所确立的生产资料公有制及其分配方式在历史长河中存在的时间长达上千年，这在某种程度上也说明了公有制之下的分配结果总体上还是符合了广大民众对于公平正义的基本需求。然而，当这种早期公有制最终走向解体并被私有制所取代后，人类社会的分配方式开始逐渐偏向为掌握生产资料的有产阶级"代言"，并在资本主义社会中只用了上百年时间就"发展"至劳苦大众所无法忍受的糟糕境地。资本主义的非正义分配方式导致工人阶级所创造的巨额社会财富被资产阶级所攫取，两大阶级之间日益固化的阶层鸿沟终将不可避免地导致资本主义社会走向灭亡。

二、资本主义社会分配方式的决定因素

从人类社会分配方式发展史来看，资本主义分配方式绝不是凭空出现的，它从根源上看属于资本主义社会生产方式的产物。就历史史实而言，早期人类社会因生产力水平低下只能依靠大规模的集体劳动才能获取维持基本生存所需的生产资料和生活资料。而当这些劳动产品被生产出来之后，如何在所有参与劳动的个体中分配这些产品自然而然地就成为需要定夺的问题。从逻辑上看，回答这个问题的答案已经包含在它得以产生的过程中了，当然是有什么样的生产方式，就会产生什么样的分配方式，后者完全是由前者所决定的。以生产资料公有制为基础的生产方式决定了与其相对应的分配方式就是由参与集体劳动的所有成员共同享有全部劳动产品，而生产资料私有制之下的生产方式决定的分配方式自然就是由占据绝大部分生产资料的特权群体霸占广大劳动者所创造的全部产品。因此，只有全面把握生产与分配之间的关系，才能准确揭示资本主义非正义分配方式得以产生的决定性因素。对于广大劳动者而言，如果他们受困于资产阶级政治经济学家有关分配方式的话语陷阱，就会误认为他们在分配过程中所承受的不公待遇确实是自身所签订"正义"契约的客观呈现，也就是所谓的符合经济规律的现象，从

---

① 《马克思恩格斯文集》(第9卷)，人民出版社2009年版，第155页。

而只能从道德义愤的角度去"攻击"这种非正义分配方式，而不能依据科学的政治经济学原理去剖析这种非正义现象的内在逻辑以及解决路径。

为了给无产阶级提供厘清分配问题的指导性思路，马克思早在《1857—1858年经济学手稿》中就明确指出："分配本身是生产的产物，不仅就对象说是如此，而且就形式说也是如此。就对象说，能分配的只是生产的成果，就形式说，参与生产的一定方式决定分配的特殊形式，决定参与分配的形式。"①在马克思看来，分配的具体形式和实施对象都是由生产所提供和决定的，只有从生产入手才能彻底研究清楚分配问题：从具体形式上来看，个体参与生产劳动的方式决定了其随后承受到的分配形式，而个体与生产资料之间的关系又决定了其参与生产劳动的方式。就资本主义分配方式而言，广大劳动者因为丧失了作为劳动对象的生产资料而被迫进入雇佣劳动体系，他们参与生产劳动的方式就是一种通过向资本家出卖自身劳动力以及劳动产品换回劳动报酬的异化活动。显然，广大劳动者从事生产劳动的方式已经决定了他们在完成劳动后所承受的分配形式，因为他们进入雇佣劳动体系的前提条件就是必须要签订让渡自己所创造的全部劳动产品的"正义"契约。可见，造成这种分配形式的根源就是以法权形式保障资本家占据生产资料这一特权的资本主义私有制；从实施对象上来看，个体所能分配到的对象肯定是由其参与的生产劳动所创造的产物，没有生产劳动自然就不会有围绕生产劳动的产物而展开的分配活动，而其中的核心问题在于如何划定参与劳动的个体享有劳动成果的份额。资本主义分配方式对劳动产品的分配具体表现为参与生产劳动的工人阶级只能分到全部劳动产品所转换而来的价值中的一小部分，而置身于劳动过程之外的资产阶级却无偿攫取了劳动产品中所包含的全部剩余价值。更为糟糕的是，这种非正义分配方案早就在以法权形式保障资本家拥有全部劳动产品的"正义"契约中提前规定好了，究其根源还是由导致劳动者和劳动条件相互分离的生产方式所决定的。简而言之，分配的对象是生产出来的劳动产品，而分配的实施形式也是由生产方式所决定的。我们不能只把分配简单地理解为和生产毫无关

---

①　《马克思恩格斯全集》(第30卷)，人民出版社1995年版，第36页。

系的劳动产品的分配，还要认识到其是生产资料分配以及社会成员劳动关系分配的结果。

　　为了进一步说明分配与生产之间的关系，马克思还仔细区别了两种不同类型的分配，他这样提醒道："照最浅薄的理解，分配表现为产品的分配，因此它离开生产很远，似乎对生产是独立的。"①对于广大劳动者而言，他们因为缺乏政治经济学常识往往只把分配理解为劳动产品(消费资料)的分配，以至于在不经意间忽略了有关生产要素的分配，然而后者恰恰是决定前者的关键性因素。这种局限性的认识极有可能导致他们在发起抗争运动时只吁求实现劳动产品(消费资料)的公平分配，却不懂得只有在实践中确保生产要素的公平分配才能真正推翻资本主义的非正义分配方式。如果进一步细分的话，生产要素的分配又主要包括两类：第一类是有关生产资料的分配，其中包括体现为各类自然资源的劳动对象和呈现为各种劳动工具的劳动资料；第二类则是有关劳动者隶属关系的分配，即马克思所说的"社会成员在各类生产之间的分配"②。显然，通过第一类分配占据了绝大部分生产资料的社会成员自然在第二类分配中处于优势地位，并将成为整个社会生产关系的规则制定者和权益受惠者。就资本主义分配方式而言，资产阶级在生产要素的分配过程中不仅占据了绝大部分的生产资料，而且借此置身于劳动过程之外，还"顺势"把广大劳动者"安置"在生产劳动的"一线岗位"上。凭借这种"先行"分配优势，资产阶级就能在随后的劳动产品的分配过程中"为所欲为"，从而依靠保障他们剥削特权的"正义"契约无偿攫取了由工人阶级所创造的全部剩余价值。

　　至于上述两类分配形式的区分，马克思后来在《资本论》中又再次加以强调："所谓分配，不是通常意义上的消费资料的分配，而是生产要素本身的分配，其中物的因素集中在一方，劳动力则与物的因素相分离，处在另一方。"③显然，为了给广大劳动者普及政治经济学的基本理论并为他们提供理论武器，马克思在剖

---

①　《马克思恩格斯全集》(第30卷)，人民出版社1995年版，第37页。

②　《马克思恩格斯全集》(第30卷)，人民出版社1995年版，第37页。

③　《马克思恩格斯全集》(第45卷)，人民出版社2003年版，第40页。

析资本的生产和流通的内在机理时将分配"聚焦"为生产要素的分配，这样才能更好地为他们所发起的抗争运动校准诉求目标。工人阶级应该意识到，如果能从源头上解决生产要素的非正义分配问题，尤其是彻底恢复劳动者和劳动条件的紧密结合，那么消费资料的非正义分配问题自然就会迎刃而解，如果总是纠结于消费资料的分配就会迷失改造资本主义分配方式的正确方向。展开来说，消费资料的分配当然是对已经生产出来的大量商品的分配，而这些分配对象又是通过怎样的生产形式"无中生有"的呢？显然，具体的生产形式是建立在生产要素分配的基础之上的，就如马克思恩格斯所说，"分工从最初起就包含着劳动条件——劳动工具和材料——的分配"①。社会分工最初就是在特定社会形态中所展开的有关生产要素的分配，这一点在资本主义社会中则具体表现为，资产阶级在开启生产活动之前就将全部生产要素都牢牢地控制在自己手中，从而可以实现广大劳动者和生产要素的分离，以便为资本介入整个生产过程和分配过程排除前期"障碍"。就这样，"财力雄厚"的资产阶级能够在市场上很轻易地就购买到生产资料和劳动力资源，从而成为雇佣劳动关系中以付出低廉工资为"代价"占有全部劳动产品的分配主使者。

总之，资本主义非正义分配方式的结构逻辑就在于，"既然生产的要素是这样分配的，那么自然就产生现在这样的消费资料的分配"②。正是因为生产要素的分配结果决定了消费资料的分配方式，所以占据生产资料的资本家自然就拥有了分配消费资料的主动权，而丧失生产资料的劳动者只能在消费资料的分配中"任人宰割"。工人在分配过程中只能拿到一些少得可怜的工资回报，他们的劳动成果及其交换后所形成的利润则全部归资本家所有。进一步说，资本主义社会中的劳动者所承受的分配"回报"是雇佣劳动体系下通过出卖自身劳动力及其成果而获得的相应工资，而资产阶级所享有的分配"特权"不仅包括通过占有生产资料的先行优势置身于生产劳动之外，而且还有通过预付工资这一条件迫使劳动者将全

---

① 《马克思恩格斯文集》(第1卷)，人民出版社2009年版，第579页。
② 《马克思恩格斯文集》(第3卷)，人民出版社2009年版，第436页。

部劳动产品拱手相让给自己。更为糟糕的是，资本主义生产方式所开启的社会化大生产大批量地生产出有待出售的劳动产品，只要这些商品能够被顺利地兑现为货币资本，随后的生产规模就会进一步扩大，原本的生产关系也会得到进一步巩固并不断再生出来，"因而也不断地再生产出相应的分配关系"①。这种以压榨工人剩余价值为资本增殖动力的分配方式也会再次被生产出来，而这种关系只会不断地固化资产阶级在分配过程中的优势地位，就如马克思所说："全部利润首先归于产业资本家和商业资本家，然后再行分配。"②一言以蔽之，资本家凭借在生产要素分配过程中的绝对控制地位迫使工人签订了"正义"契约，从而在后续的消费资料的分配过程中将全部劳动产品据为己有，并通过兑现其中所包含的剩余价值而发家致富。然而，广大劳动者则因在生产要素的分配中丧失生产资料而只能依赖出卖自身劳动力及其成果为生，以至于在后续的消费资料的分配中至多拿到仅够维持基本生存的微薄工资。资本主义分配方式的非正义性在生产要素和消费资料的分配中表现得淋漓尽致。

三、资本主义社会分配方式的产生机理

为了向广大劳动者揭露资本主义分配方式的非正义性，马克思恩格斯首先依据政治经济学原理解释了分配的"诞生"机制。在他们看来，分配无论从形式上，还是从结果上来看都是生产的产物，资本主义分配方式作为人类社会分配发展史中的一种"特殊"形态自然也不会例外，它完全是被资本主义生产方式所决定的。除此之外，马克思恩格斯还依循唯物史观从总体上研判了资本主义分配方式的发展历程。在他们看来，唯物史观为剖析包括社会生产方式和分配方式在内的一切社会经济现象提供了最为基本的逻辑依循。探索并解决分配中所存在问题的关键就在于深入考察社会经济现实，尤其是探究乃至变革决定分配关系的社会生产方式，而不能只从正义、平等和公正等角度进行空洞的道德控诉，后一种方式已被

---

① 《马克思恩格斯全集》(第 46 卷)，人民出版社 2003 年版，第 995 页。
② 《马克思恩格斯全集》(第 46 卷)，人民出版社 2003 年版，第 271 页。

证实是于事无补的。

马克思恩格斯早在 1845 年的《德意志意识形态》一书中就提出了运用唯物史观研究社会现象的核心方法论，他们这样总结道："所以，一切社会变迁和政治变革的终极原因，不应当到人们的头脑中，到人们对永恒的真理和正义的日益增进的认识中去寻找，而应当到生产方式和交换方式的变更中去寻找。"①资本主义分配方式的"问世"是人类社会发展变迁的一个重要标志，它意味着资本主义社会在取代封建主义社会后开始重新制定有关社会财富分配的方案。作为拥有之前所有社会形态都无法相提并论的生产力水平的"新兴事物"，资本主义社会完全有财力在最广泛的层面上提升劳苦大众的收入水平和生活待遇。然而，令广大劳动者大失所望的社会现实是，他们即便在亲自创造了"前所未有"的巨额社会财富后也只能维持相对贫困的生活。显然，资本主义分配方式的非正义性突出地表现在，终日辛勤劳作的生产者所创造的社会财富在分配过程中却被不事劳动的资本家完全夺走。这种分配现状自然激起了劳苦大众的奋力反抗，但他们因缺乏唯物史观的视野而无法制定科学的行动纲领，只能把公平、公正、正义等口号当作发起抗争运动的理论依据。该类运动虽然在一定程度上起到了凝聚人心和抗击不公现实的作用，但终究因缺乏指导思想而无法找到推翻资本主义分配方式的现实路径，以至于陷入不可避免的衰亡状态中。因此，只有运用唯物史观去剖析资本主义社会的生产方式，才能准确把握资本主义分配方式的诞生机理和破解方案。

在运用唯物史观考察人类社会分配方式发展历程的视域中，封建主义社会在经历了漫长的发展历程后终于走到了崩溃的边缘，它再也无法调和社会生产方式中生产力与生产关系之间急需破解的矛盾，以至于不但因无法促进生产力水平的提升而导致财富生产总量的直线衰落，而且因日益恶化的经济状况而在财富分配过程中加重了对于广大劳动者的盘剥。就这样，封建主义社会即将被当时承担促进生产力发展任务的资产阶级所摧毁的这一趋势日趋明朗，而资产阶级开启资本主义生产方式最重要的斗争手段就是通过抢占封建地主、贵族和广大劳动者的生

---

① 《马克思恩格斯文集》(第 3 卷)，人民出版社 2009 年版，第 547 页。

产资料完成资本的原始积累，并彻底实现了劳动者和劳动条件的相互分离。当资本主义社会登上历史舞台后，其的确在客观上促进了生产力的发展，就如马克思恩格斯在《共产党宣言》中所说："资产阶级在它的不到一百年的阶级统治中所创造的生产力，比过去一切世代创造的全部生产力还要多，还要大。"①资本主义社会通过将生产资料和劳动力都集中到"血汗工厂"中而启动了社会化大生产，并借助工人阶级的辛勤劳作创造了"前所未有"的社会财富，这确实在一定程度上显示了这种生产方式的优越性。但对于工人阶级而言，这种生产方式存在着对他们极为不利的"先天"缺陷，它得以奠定的前提就是逼迫丧失生产资料的广大劳动者在进入雇佣劳动体系前必须要签订通过出卖劳动力来换取工资的"正义"契约。这就意味着不管他们能在生产过程中创造出多少社会财富，也只能在分配过程中拿到事先"约定"好的低廉工资。资本主义生产方式决定分配方式所致使的现实情况就是，资本家通过各种手段在生产过程中迫使工人尽可能多地创造出社会财富，却在分配过程中只支付给工人尽可能少的用于维持基本生存的劳动报酬，从而确保自己能够无偿攫取由工人创造的全部剩余价值。

　　一旦资本主义生产方式正式确立，它就会产生出与其完全对应的分配方式，而绝不可能出现不符合其基本特征的其他分配形式，就如恩格斯所说："可是我们已经知道，分配就其决定性的特点而言，总是某一个社会的生产关系和交换关系以及这个社会的历史前提的必然结果，只要我们知道了这些关系和前提，我们就可以确切地推断出这个社会中占支配地位的分配方式。"②特定社会形态下的分配方式就是该社会的生产方式的必然产物。就资本主义社会而言，其生产前提就是将生产资料和劳动力资源都集中在资本家手中，而紧随其后的生产过程则具体表现为广大劳动者在雇佣劳动模式下从事异化性的生产劳动，最后完成将工人所创造的劳动产品转化为增殖资本的这一生产目的。毋庸置疑，由这种非正义的生产方式所决定的分配方式肯定也是非正义的，它只会一味偏向掌握生产资料和货

---

① 《马克思恩格斯文集》(第 2 卷)，人民出版社 2009 年版，第 36 页。
② 《马克思恩格斯文集》(第 9 卷)，人民出版社 2009 年版，第 160 页。

币资本的资本家，也只会在压低工人工资的基础上尽可能多地增加资本家的利润。显而易见，广大劳动者不必"奢望"资本家在未受到任何外界压力的情况下主动增加工人的工资，因为调整财富分配模式的做法就相当于在间接意义上修正生产方式，而这在资本主义社会尚未发生自我变革的前提下是不可能实现的。值得注意的是，工人在资本主义社会财富分配过程中所拿到的工资具有较大的迷惑性，这种名义上的劳动报酬容易给人造成一种"所劳即所得"的表面假象。因为不管是计时工资，还是计件工资，都是按照"正义"合同所预先约定的，也就是以工人在生产活动中付出的实际劳动量为标准而计算出来的，所以工资似乎就是依据工人所贡献的实际劳动量而同等给付的。但问题在于，恰恰是带有正义假象的工资形式掩盖了资本主义分配过程中残酷剥削的隐性事实，马克思为此一针见血地指出，"而在雇佣劳动下，货币关系掩盖了雇佣工人的无代价劳动"①。资本主义社会利用工资这种分配形式遮掩了资产阶级无偿攫取剩余价值的真相，而工人阶级在付出艰辛劳动后所拿到的工资仅仅是自身所创造价值的一小部分。资产阶级就是这样在分配过程中以工资为手段，"悄然无声"地将绝大部分物质财富据为己有，这种充满欺骗性和剥削性的分配方式只会导致工人阶级越发贫穷。就这样，资产阶级凭借强大的资本实力在生产资料分配过程中占据压倒性优势，然后"顺理成章"地通过雇佣劳动模式开启生产进程，并在随后的财富分配中"大发其财"，而工人阶级至多只能被动地获取生产完成后的小额工资偿付。显然，资本家作为雇主只会制定有利于自身财富积累的分配规则，他们会在最大限度地攫取由工人所创造的产品转化而成的价值，最后只留下维持工人基本生存的最低工资。

不管工人阶级如何辛劳，其创造的劳动产品在总量上因受制于生产力水平还是相对有限的，整个社会上可供分配的物质财富并不充裕。即使在这种客观情况下，资产阶级依然凭借不平等的分配方式"中饱私囊"，处于绝对弱势地位的无产阶级只能得到维持基本生存的微薄工资，阶级之间的贫富差距由此越发拉大。随

---

① 《马克思恩格斯全集》(第 44 卷)，人民出版社 2001 年版，第 619 页。

着资本主义生产规模的不断扩大,就如恩格斯所说,"劳动产品在剥削者和被剥削者之间的分配越来越不平等"①。也就是说,由资本主义社会生产方式所决定的分配方式一经形成后,就会因其在财富分配过程中极度压榨工人阶级的非正义特质,反过来推动生产过程中谋求实现资本增殖的核心目的,并进一步拉大和固化资产阶级和无产阶级之间的经济差距。只要资本主义生产方式尚未发生任何改变,资产阶级就不可能主动制定"让利于"工人阶级的新分配方案,而是会在财富分配过程中逐步加大攫取利润的力度,导致广大劳动者所遭受的剥削越发残酷。在资产阶级看来,这种非正义的分配方式有利于他们实现资本增殖的历史使命,还能在短期内推动资本主义生产方式的发展,因此完全没有必要反思和改善其所造成的贫富悬殊现象。然而,日益加深的阶级鸿沟将不可避免地造成资本主义社会秩序的进一步混乱,"这些形式所必然产生的分配方式造成了日益无法忍受的阶级状况"②。显而易见,资本主义社会的分配方式绝无可能"带领"全体社会成员走向共享社会财富的美好生活。劳苦大众只有奋起抗争才能改变自身一直被剥削和压榨的生存状态,而想要从根本上改变资本主义的非正义分配方式而不是做微调式改良,唯一的可能性方案就是通过暴力革命推翻资本主义社会,也就是通过彻底颠覆资本主义生产方式的路径再造出社会主义的正义性分配方式。

第三节 马克思恩格斯的分配正义论及其当代价值

资本主义社会的非正义分配方式在人类社会分配发展史上制造出一个极其"荒诞"的经济史实,即广大劳动者在生产出"前所未有"的巨额社会财富的前提下却只能分配到维持基本生存的最低报酬。这不可避免地造成了资产阶级和工人阶级之间的贫富悬殊和两极分化,以至于整个社会的阶级对抗也变得日趋激烈起来。为了改变自身的生存困境,工人阶级迫切需求找到一种能够揭示资本主义分

---

① 《马克思恩格斯文集》(第4卷),人民出版社2009年版,第420页。
② 《马克思恩格斯文集》(第9卷),人民出版社2009年版,第157页。

配方式的内在机制和破解路径的科学理论，并以此作为在社会主义实践中彻底改造这种非正义分配方式的指导思想。但令他们失望的是：一方面，占据学术界主流话语权的国民经济学家大多缺乏关怀劳苦大众的人文精神，这些"书斋式"的学者倾向于将自身标榜为不受情感影响的、客观理性的经济问题研究专家，并在默认社会分配不公现象的前提下展开有关财富积累以及劳动产品分配比例的纯理论研究；另一方面，就那些心系大众苦难并谋求平等分配的早期空想社会主义者而言，他们则因缺乏政治经济学基础知识而提出一系列虚无缥缈的社会改良规划。显然，上述两种未能将人文关怀和科学论证融为一体的理论体系都不可能在实践中引导工人阶级发起改造资本主义分配方式的抗争运动。恰逢其时，为了积极响应时代的召唤和民众的需求，马克思恩格斯在深入研究资本主义生产方式的基础上构建出"独树一帜"的分配正义论。在他们看来，透视资本主义分配方式的关键在于深入挖掘资本在社会生产和流通过程中的增殖"秘密"，而不能只是一味谴责资本主义的非正义分配乱象"与永恒公平和真正道德相冲突"①。改造资本主义分配方式不能只停留在对于旧有分配方案的修补和调整上，其核心目标就是在推翻资本主义生产方式的基础上确立社会主义分配方式。

一、资本主义社会分配方式被取代的必然性

资本主义社会之所以能够创造出巨额社会财富，主要原因就在于迫使广大劳动者在社会化大生产模式下超负荷地"贡献"出自身的劳动力，而这样的生产形式必定只会带来以资产阶级无节制掠夺工人阶级所创造的全部劳动产品为特征的分配方式。一言以蔽之，资本主义社会的生产形式和分配方式必定造成资产阶级和无产阶级在经济领域中的贫富悬殊以及在政治层面上的激烈对抗，它在造就资产阶级"致富神话"的同时也催生出工人阶级的革命动力。

（一）有关资本主义分配方式的错误认知

面对此起彼伏的反抗资本主义非正义分配方式的工人运动，资产阶级政治经

---

① 《马克思恩格斯全集》(第45卷)，人民出版社2003年版，第21页。

济学家们为了缓和阶级矛盾反倒鼓吹起这种分配方案是符合社会经济发展规律的必然呈现。他们不仅刻意忽略了广大劳动者在财富分配过程中所遭受的非正义待遇，而且还试图论证这种分配方式具有无涉历史影响的永恒性。马克思对此明确指出："资本主义的分配不同于各种由其他生产方式产生的分配形式，而每一种分配形式，都会随着它由以产生并且与之相适应的一定的生产形式的消失而消失。"①分配形式是由生产形式所派生出来的，自然也会随着生产形式的消亡而消失。没有一种人类社会形态中的生产形式不会被更先进的形式所取代，资本主义这种非正义的生产形式以及由它所决定的分配形式当然也不可能具备所谓的永恒性。如前所述，资本主义生产形式在资产阶级无序生产与无产阶级有限消费的矛盾冲击下弊端尽显，它被理顺生产与消费关系的社会主义生产形式所取代自然是大势所趋。而随着资本主义生产形式的逐渐消亡，被它所决定的造成阶层贫富悬殊现象的非正义分配方式就会归于消失。换而言之，分配形式需要适应于生产形式的发展，而生产形式本身的历史性和暂时性自然也决定了分配形式的可变性。一旦资本主义社会的生产关系和生产力之间发生了不可调和的矛盾，那么体现生产关系的分配关系也会随着生产关系的变革而发生相应改变。

虽然资本主义分配方式被取代只是时间上的问题，但资本主义社会中还是有不少所谓的有识之士对这一趋势的发生过程有着错误的研判，这对于广大劳动者的相关认知产生了不容忽视的负面影响。马克思恩格斯对于这种现象展开了严厉的批判，在他们看来，就小资产阶级所传播的社会主义理论而言，虽然这种思潮义正词严地谴责了"财富分配的极不平均"②，但却无力回应究竟该如何解决分配不均的问题。它要么主张在摧毁资本主义生产形式的基础上恢复封建主义生产形式，要么声称将资本主义生产形式揉进封建主义生产形式中，说到底就是要复建封建主义生产关系，而这两种解决方案都是极其荒谬的。众所周知，资本主义社会中的小资产阶级群体主要来源于封建主义社会中的城市平民和城镇小手工业

---

① 《马克思恩格斯全集》(第46卷)，人民出版社2009年版，第1000页。
② 《马克思恩格斯文集》(第2卷)，人民出版社2009年版，第57页。

者，他们对于资本主义分配方式的谴责只是因为其侵犯了自身的旧有既得利益，而非出自于为广大劳动者争取合理权益的正义性立场。因此，他们囿于阶级局限性而提出的"妥协"方案不但解决不了资本主义分配不公的现象，反而有可能导致社会生产方式倒退至更低级的历史形态，就如马克思恩格斯所批判的那样，"它在这两种场合都是反动的，同时又是空想的"①。显而易见，小资产阶级的社会主义思潮不仅因其反对社会主义革命的理论立场而严重阻碍工人运动的发展，而且其用于改造资本主义生产方式和分配方式的"复古主义"方案在本质上属于违背历史潮流的虚幻空想。

除了批判小资产阶级的错误论断外，恩格斯还在写给康拉德·施米特的信中提到，《人民论坛》这份报纸上有关分配问题的讨论显示了部分社会主义理论宣传者的认知误区，这突出表现在他们声称社会主义社会的分配方式应该是固定不变的。马克思主义的唯物史观和政治经济学理论告诉我们，一个社会的分配方式是由生产方式所决定的，而后者随着社会经济的发展变化也在逐步发生改变。不管是哪一种社会形态，只要它所内含的生产力与生产关系之间发生了不可调和的矛盾，那么其中的生产方式和分配方式都会被更先进的新形式所取代。"但是，在所有参加辩论的人看来'社会主义社会'并不是不断改变、不断进步的东西，而是稳定的、一成不变的东西，所以它应当也有个一成不变的分配方式。"②恩格斯为此感到有些诧异，他觉得这些人之所以固守这种形而上学式的思维，主要原因就在于没有真正把握唯物史观的精髓。只要运用马克思主义理论作为指导思想，就会冷静而理性地承认这一事实，虽然社会主义分配方式因自身先进性而终将取代资本主义分配方式，但这并不代表它在正式确立后就可以"一劳永逸"，而是同样存在着一个从低级发展到高级的进阶过程。

此外，恩格斯在给《1848年至1850年的法兰西阶级斗争》这本书写导言时着重提到，哪怕是在19世纪晚期的英国，还有一些"自作聪明"的人建议社会在收

---

① 《马克思恩格斯文集》(第2卷)，人民出版社2009年版，第57页。
② 《马克思恩格斯文集》(第10卷)，人民出版社2009年版，第586页。

回生产资料归属权的基础上还要进一步收回分配权，但他们从来没考虑到，"首先，这些分配手段现今已经归社会整体所有，属于国家或市镇；其次，这些分配手段正是我们想要废除的"①。在恩格斯看来，这些所谓的社会主义思潮宣传者并没有搞清楚资本主义分配方式的本质属性及其代表利益，他们更没有想明白的是：第一，资产阶级早就以资本主义社会为名控制了生产资料的所有权和分配权。因此，资本主义分配手段形式上也是属于社会所有的，只不过在实质上是集中在少数资产阶级手中；第二，真正的社会主义者必然将维护全体民众的切身利益作为理论构建的价值旨归。他们主张生产资料和劳动产品的所有权和分配权都归属于社会中的全体劳动者，还要废除少数食利者占据绝大部分社会财富的非正义特权。

（二）资本主义非正义分配方式的消亡趋势

在批判一系列错误分配观的同时，马克思恩格斯还依据唯物史观和政治经济学的基本理论预判了资本主义非正义分配方式必将逐步消亡的客观趋势，为工人阶级组织针对财富分配不公现象的抗争运动坚定了必胜的信心。恩格斯在《反杜林论》一书中总结道："这一批判证明：资本主义的生产形式和交换形式日益成为生产本身所无法忍受的桎梏；这些形式所必然产生的分配方式造成了日益无法忍受的阶级状况，造成了人数越来越少但是越来越富的资本家和人数越来越多而总的说来处境越来越恶劣的一无所有的雇佣工人之间的日益尖锐的对立。"②资产阶级通过资本的原始积累运动完成了生产资料和劳动力资源的高度集中，这在客观上为开启社会化大生产奠定了前期基础，对生产力的解放和发展起到了"前所未有"的推动作用，这也是资本主义社会能够在短期内创造出大量物质财富的重要原因。然而，这种将生产资料和劳动力资源集中在资产阶级手中的生产形式同时存在着致命的先天缺陷，它必将成为阻碍生产力发展的桎梏。

---

① 《马克思恩格斯文集》(第4卷)，人民出版社2009年版，第537页。
② 《马克思恩格斯文集》(第9卷)，人民出版社2009年版，第157页。

展开来说，资产阶级作为资本主义社会中的"少数派"却以社会的名义占据了绝大部分的生产资料，他们还凭借在生产要素分配中的绝对优势形成了在社会财富分配过程中的"霸权"。就这样，工人阶级所创造的海量财富最终造就了"脑满肠肥"的食利者阶层和"饥肠辘辘"的劳动大军。赚得"盆满钵满"的资产阶级自然不会停下赚取更多利润的生产步伐，全然不顾劳苦大众被压榨殆尽的消费实力已经无法匹配市场上堆积如山的滞销商品。为了实现资本增殖的终极目标，资产阶级难以自控地不断扩大生产和再生产的规模。这种无序扩张的势头一直到社会上出现生产过剩现象才能有所放缓，然而此时已经不能阻止整个社会朝着以浪费巨额社会财富为标志的经济危机的深渊滑落。一旦经济危机爆发开来，资产阶级至多就是损失了大量个人资产而已，而工人阶级则是被连累至连自己以及家人的基本生存都无法维持。整个社会因贫富悬殊现象而积压已久的阶层矛盾将彻底引爆社会革命，资本主义生产方式以及由其所决定的分配方式都会被彻底摧毁。

二、确立社会主义分配方式的长期性

资本主义非正义分配方式不仅造成了资产阶级和无产阶级之间的贫富悬殊现象，而且导致两大阶级之间的对立与对抗日趋激烈。整个社会不仅在经济层面因周期性经济危机的爆发而损失了海量的社会财富，而且在政治层面因难以调和的阶级矛盾而无法维持和谐相处的社会秩序，就如恩格斯所说："现代资本主义生产方式所造成的生产力和由它创立的财富分配制度，已经和这种生产方式本身发生激烈的矛盾，而且矛盾达到了这种程度，以至于如果要避免整个现代社会毁灭，就必须使生产方式和分配方式发生一个会消除一切阶级差别的变革。"①资本主义生产方式得以开启的前提就是完成劳动者与劳动条件的彻底分离，以便将生产资料和劳动力资源都集中在资产阶级手中，而资产阶级则充分利用生产要素分配中的差别迫使工人阶级接受超出生理极限的异化劳动。这种生产方式虽然在客观上促进了生产力的发展和社会财富的增加，但这些"成就"都是建立在剥削和压

---

① 《马克思恩格斯文集》(第9卷)，人民出版社2009年版，第165页。

榨广大劳动者的基础之上的，终将在资本主义社会中造成各种难以调和的冲突和矛盾。也就是说，资产阶级凭借占据生产资料的先行优势在分配过程中大肆攫取工人阶级所创造的社会财富，由此造成广大劳动者因收入过低而出现消费能力明显不足的重大"缺陷"，进而导致市场上积压了大量因远远超过实际需求而堆积如山的滞销商品。这一问题随即就会蔓延开来并导致资本生产和流通循环的中断，市场上将不可避免地出现供需失衡的生产过剩现象，并终将引爆摧毁整个社会的经济危机。在恩格斯看来，要想避免这一社会经济悲剧的产生，就必须要彻底消灭资本主义非正义的生产方式和分配方式。而消灭资本主义分配方式的关键在于从源头上变革资本主义生产形式，然后在此基础上确立社会主义的正义性分配方式。

(一) 工人阶级建立社会主义分配方式所面临的困难

任何一种社会形态中的分配方式都是该社会生产形式的产物，任何一种脱离生产形式去探讨如何改造分配方式的论断都是无视具体经济环境的误导性空谈。资本主义生产形式对于广大劳动者生产资料的"鲸吞"不可避免地"制造"出大量自由到除了出卖劳动力之外一无所有的无产者，他们只能被迫进入以异化劳动为标志的雇佣劳动体系，并最终变为靠终日劳作换回少量劳动报酬的工人阶级。具体来说，工人阶级在资本主义社会中的生存处境极为艰难，"它必须承担社会的一切重负，而不能享受社会的福利"①。与此形成鲜明对比的是，资产阶级在生产资料和社会财富的分配过程中占据绝对优势。他们在"逃脱"自身劳动义务后还顺势将工人阶级的劳动负荷拉伸至极致，以至于后者在承担了几乎所有的生产任务后却只能换回维持基本生存的"回报"。长此以往，遭受沉重剥削和压榨的工人阶级逐渐迸发出坚定的抗争意识，他们自觉联合起来组织各种声讨资产阶级的社会主义运动。令人遗憾的是，因缺乏唯物史观和政治经济学理论的科学指导，工人阶级的斗争行动始终没有在理论上和实践中"痛击"资本主义分配方式的"要

---

① 《马克思恩格斯文集》(第1卷)，人民出版社2009年版，第542页。

害"，就如马克思恩格斯所说："迄今为止的一切革命始终没有触动活动的性质，始终不过是按另外的方式分配这种活动，不过是在另一些人中间重新分配劳动。"①也就是说，工人阶级尚未意识到，改变资本主义的非正义分配方式不能仅仅依靠在诉诸公平正义等理念的基础上尝试对既定劳动模式进行调整和修补，而是要在根本上摧毁资本主义的生产形式，从而彻底消灭雇佣劳动模式之下的异化劳动，然后才能新建起将生产资料和消费资料重归于全体民众的社会主义分配方式。

鉴于资产阶级掌握着国家暴力机关以及意识形态的主控权，工人阶级构建反对资本主义的正义性分配方式必然要经历一个较为漫长的发展过程。他们不仅需要拥有透视资本主义社会的科学理论，而且需要在社会生活中发动各类艰苦卓绝的革命运动。在马克思主义理论被用作指导思想之前，有相当一部分劳动者在抗击资本主义分配方式时只习惯于从道德层面谴责它的非正义性，甚至"一厢情愿"地认为不需要任何斗争也能看到它因缺乏正义性而自动走向消亡。抗争运动中的这些错误认知充分反映了工人阶级对于建立社会主义分配方式的长期性缺乏足够的认识和准备，恩格斯为此指出："如果我们确信现代劳动产品分配方式以及它造成的赤贫和豪富、饥饿和穷奢极欲尖锐对立的状况一定会发生变革，只是基于一种意识，即认为这种分配方式是非正义的，而正义总有一天一定要胜利，那就糟了，我们就得长久等待下去。"②毋庸置疑，资本主义分配方式因其所造成的贫富悬殊和阶级对抗现象被认定是非正义的，但想要消灭这种非正义现象不能指望正义理念自身具备了所谓的"不战而胜"的神秘力量。对于工人阶级而言，寄希望于不经过任何实践抗争就能等来正义分配方式的自然降临只能是一种幻想，确立社会主义分配方式的唯一方法就是通过暴力革命摧毁资本主义社会生产形式，并在此基础上彻底消灭资本主义分配方式。

此外，工人阶级也不能指望资本主义分配方式会在自我改良的过程中逐渐走

---

① 《马克思恩格斯文集》(第1卷)，人民出版社2009年版，第542~543页。
② 《马克思恩格斯文集》(第9卷)，人民出版社2009年版，第164页。

向正义化。要知道，恰恰是非正义的前提奠定了资本主义生产形式的产生基础。如果没有资产阶级对于广大劳动者生产资料的疯狂掠夺，后者就不可能因被迫和劳动条件相分离而沦落到雇佣劳动体系中，而必须以高度集中化的生产资料和劳动力资源作为基础的资本主义生产形式也就无从"诞生"。显而易见，变革生产形式的非正义前提对于资本主义社会而言就意味着"自取灭亡"。资产阶级只会想方设法地在社会经济生活中巩固这一生产形式，而由其所决定的分配方式当然也不会自动发生任何有利于工人阶级的改变，就如恩格斯所说："而期待资本主义生产方式有另一种产品分配，那就等于要求电池的电极和电池相联时不使水分解，不在阳极放出氧和在阴极放出氢。"①显然，如果工人阶级指望资本主义分配方式能够通过自我调整逐步走向公平公正，那么他们就等于在臆断自然界的客观规律能够按照人的意志发生转移，消灭资本主义非正义分配方式的唯一可能就是发动由无产阶级组织的暴力革命。有鉴于此，马克思恩格斯告诫无产阶级不要幻想资产阶级有朝一日在财富分配过程中能良心发现，将自身所攫取的超额利润足量返还给广大劳动者。众所周知，资产阶级开展社会化大生产的根本目的就是实现资本的持续增殖，并借此在分配过程中攫取尽可能多的私人财富，他们丝毫不会在意因自身贪婪而造成的民众疾苦。在资产阶级看来，他们的全部财富都是依据"正义"契约拿到的"合法且合理"的投资回报，而其中支付给工人阶级的每一分工资都是难以割舍的莫大"损失"，却"绝口不提"他们所独占的所有利润原本都是工人阶级所创造出来的。提高工人阶级的工资对他们来说就等于要付出减缓自身财富增长速度的代价，他们绝无可能在未受到任何外界压力的前提下主动调整财富分配方案，哪怕因此而导致发生摧毁整个社会的经济和政治危机也"在所不惜"。

（二）工人阶级建立社会主义分配方式的必要步骤

既然资产阶级为了维护自身利益而顽固地把持非正义的分配方式，那么工人阶级就要从思想上和行动上做好主动变革的双重准备：一方面，工人阶级不要受

---

① 《马克思恩格斯文集》（第3卷），人民出版社2009年版，第555页。

国民经济学家的蛊惑而轻信资本主义生产方式的"先进性"，反而要清醒地认识到任何一种分配形式都会随着决定它的生产形式的消亡而湮灭。资本主义社会周期性爆发的经济危机充分表明，资本主义生产方式因其不可调和的内在矛盾必将成为生产力发展的桎梏，它早晚会被更先进的社会主义生产方式所取代，而其所派生的分配方式也会随之被扫入历史的故纸堆。另一方面，工人阶级要积极联合起来发动暴力革命。资本主义分配方式导致绝大部分社会财富被资产阶级所中饱私囊，而劳苦大众则只能在生存线上苦苦挣扎，这充分说明资产阶级完全丧失了继续掌握财富分配权的合法性及合理性，工人阶级夺取分配方式的领导权是时代发展所赋予的历史使命。只有通过发动暴力革命彻底推翻资本主义社会，工人阶级才能把所有被侵吞的生产资料和被奴役的劳动者从资产阶级手中解放出来，并在生产资料公有制的基础上逐步恢复劳动者与劳动条件的自主结合，进而在全体民众中公平正义地分配由他们所创造的物质财富。

对于工人阶级的革命行动究竟应该落实哪些目标，恩格斯在给彼得·拉甫罗维奇·拉甫罗夫的信中总结道："于是生存斗争的含义只能是，生产者阶级把生产和分配的领导权从迄今为止掌握这种领导权但现在已经无力领导的那个阶级手中夺过来，而这就是社会主义革命。"①资产阶级在资本主义社会的生产和分配过程中掌握着绝对主导权，但他们已经被自己所造成的各种非正义现实证明根本没有能力承担这种重任。就社会生产而言，资产阶级为了实现资本持续增殖而疯狂扩大生产规模，这导致市场上堆满了大量的无法及时售出的滞销商品，并最终引爆以生产过剩为标志的经济危机；就财富分配而言，资产阶级在掠夺工人阶级所创造的剩余价值的基础上赚得"盆满钵满"，并将数量庞大的劳动者阶层禁锢在相对贫困的生存困境中，最终导致贫富悬殊和阶级对抗现象的集中爆发。在恩格斯看来，亲自创造出海量社会财富的工人阶级却被剥削至只能勉强维持基本生存的境地，他们完全有理由组织开展推翻资本主义社会的革命运动，在彻底剥夺资产阶级经济特权的基础上获得生产财富和分配财富的主导权。

---

① 《马克思恩格斯文集》(第 10 卷)，人民出版社 2009 年版，第 412 页。

　　需要注意的是，工人阶级所组织的社会主义革命必须要在马克思主义理论的指导下制定务实的斗争目标和合理的行动规划，尤其是在夺取政权后要着重确立社会主义生产和分配形式。社会主义国家的生产目的是服务于全体民众的合理需求，而非满足少数特权阶级的致富欲望。它自然能够废除少数人把控生产资料和生活资料的非正义权力，并根据现有社会资源在广大劳动者中开展有计划的"按劳分配"。具体来说，工人阶级在通过暴力革命这一斗争路径建立社会主义社会后，对于生产形式和分配形式的重构首先要立足于将生产资料私有制改造成公有制，恩格斯早在《共产主义原理》这本小册子中就明确指出："因此私有制也必须废除，而代之以共同使用全部生产工具和按照共同的协议来分配全部产品，即所谓财产公有。废除私有制甚至是工业发展必然引起的改造整个社会制度的最简明扼要的概括。"①也就是说，社会主义社会必须在彻底废除生产资料私有制的基础上建立公有制，并按照全体社会成员的合理需求拟定生产计划和相关分配协议。这种正义性的生产和分配形式才能确保全体民众在生产资料的分配过程中共享劳动资料和劳动对象，从而在推动生产力水平发展的同时为社会创造出大量物质财富，并依据每位劳动者所贡献的具体劳动量进行正义式分配。就这样，社会主义社会终将消除历史上反复出现的少数特权阶级占据大量社会财富的不公局面，从而确保广大劳动者凭借自己的劳动付出获得相匹配的经济回报。这意味着，全体社会成员可以在分配过程中充分拥有生产资料以及自身所创造的劳动产品，从而迸发出前所未有的生产积极性，就如恩格斯所说："这样一来，社会将生产出足够的产品，可以组织分配以满足全体成员的需要。"②社会主义社会所确立的正义性分配方式反过来有力地促进了生产力的发展，从而进一步创造出较为充裕的物质财富，这样才能在逐步满足全体民众合理需求的基础上朝着"各尽所能、按需分配"③的方向迈进，并逐步消除贫富悬殊现象。

---

① 《马克思恩格斯文集》(第1卷)，人民出版社2009年版，第683页。
② 《马克思恩格斯文集》(第1卷)，人民出版社2009年版，第688页。
③ 《马克思恩格斯文集》(第3卷)，人民出版社2009年版，第436页。

三、马克思恩格斯分配正义论的当代价值

如上文所述，马克思恩格斯主张在推翻资本主义生产形式的基础上消灭由其派生的非正义分配方式，并依据唯物史观和政治经济学的基本理论制定出构建社会主义正义性分配方式的实践路径。可以说，马克思恩格斯的分配正义论不仅为全世界工人阶级争取自身经济权益的革命运动指明了斗争方向，而且为当代中国践行在全体民众中实现共同富裕的这一财富分配方案提供了理论指导。

马克思恩格斯在揭露资本主义分配方式非正义本质的基础上进一步指出，资产阶级为了自身利益只会牢牢把控以剥削和压榨广大劳动者为特征的生产权和分配权。因此，消灭这种分配方式的唯一路径就是发动推翻资本主义社会的暴力革命，而不能把希望寄托在资产阶级终将主动调整财富分配方案的这种幻想之上。就这样，工人阶级构建社会主义正义性分配方式的实践进路已经被清晰地规划出来了。他们要在马克思恩格斯分配正义论的指导下开启社会主义运动，首先是通过暴力革命的方式摧毁资本主义社会并建立社会主义政权，接下来要在实现无产阶级专政的基础上重构一切社会制度，尤其是正义性的社会生产形式和分配形式，就如恩格斯所说："以便建立这样一种制度，使社会的每一成员不仅有可能参加社会财富的生产，而且有可能参加社会财富的分配和管理。"①工人阶级所建立的新型社会主义政权在生产关系层面实行的是生产资料公有制，而确立这种制度的前提是彻底废除生产资料私有制，这就意味着消除了少数食利者在制度保障下"合法"攫取社会绝大部分财富的可能性。社会主义生产形式下的生产资料公有制规定生产资料归全体民众所有，这就从制度层面杜绝了社会上出现少数群体独霸生产资料的非正义现象，从而确保没有任何人可以"享有"置身于生产劳动过程之外且掠夺他人劳动成果的特权。

社会主义社会中的每一位成员都将参与生产过程，他们在这种工作环境中所从事的劳动属于一种自主且自觉的主体活动，而不再是向食利者阶层出卖自身劳

---

① 《马克思恩格斯文集》(第 3 卷)，人民出版社 2009 年版，第 460 页。

动力的谋生手段，从而能够在积极主动的心境下创造出大量社会财富。显然，由这种生产形式所决定的分配方式绝不会出现偏袒特定群体切身私利的非正义倾向，而是依据全体成员所达成的共同协议来分配社会上的全部劳动产品。此外，社会主义社会中的分配方案还需要结合社会生产的具体情况分阶段实施。在生产力还不够发达的社会主义第一阶段，整个社会将根据每位成员的实际劳动量大小给予相应的经济回报，从而杜绝过往少数食利者占据绝大部分社会财富的非正义现象。而当社会主义社会经过长期发展最终进入共产主义高级阶段后，整个社会因生产力高度发达而创造出极为充裕的物质资料，这个时候"社会才能在自己的旗帜上写上：各尽所能，按需分配"①！也就是说，社会主义社会在经过长期的发展进入共产主义阶段后，此时的生产方式和分配方式已然实现消除一切阶级差别的终极变革，从而在全体民众中实行共同劳动基础之上的按需分配模式。

马克思恩格斯的分配正义论对于当代中国在社会主义伟大实践中落实正义性分配方式有着重要的指导价值。当代中国确立社会主义的正义性分配方式首先要在理论上准确把握分配的本质属性，马克思曾经明确指出："分配，作为产品的分配，也是这样。而作为生产要素的分配，它本身就是生产的一个要素。"②不管是生产要素分配，还是劳动产品分配，都不过是生产条件本身分配的结果，也就是由生产资料所有制形式所决定的。如前所述，资本主义生产资料私有制之下的生产要素分配被资产阶级所把控，他们借此在生产过程中占据主导地位，并在随后通过"按资分配"制度攫取绝大部分利润，而工人阶级则只能换回维持自身劳动力再生的低水平工资，社会中的阶层贫富悬殊现象也由此产生。相比较而言，当代中国在依循马克思恩格斯分配正义论的指导下建立了以生产资料公有制为主的生产形式。这不仅保证了生产要素的公平分配，而且派生出按照劳动者实际贡献量大小回馈相应报酬的"按劳分配"方式，从而确保全体民众获得自身应该得到的社会财富。

---

① 《马克思恩格斯文集》(第3卷)，人民出版社2009年版，第436页。
② 《马克思恩格斯全集》(第30卷)，人民出版社1995年版，第40页。

社会主义生产资料公有制取代私有制是人类社会分配发展史上一次质的飞跃，它为消除社会中的全部阶级差别奠定了制度性前提。众所周知，资本主义国家的私有制在生产资料分配阶段就开始导致阶级之间发生非正义性分化，占据绝大部分生产资料的食利者显而易见地会逐步确立自身在生产和分配阶段的统治性优势，而丧失生产资料的劳动者为了谋生只能沦为遭受残酷剥削和压榨的被统治阶级。与此形成鲜明对比的是，当代中国所实现的生产资料公有制则从制度层面确保了全体民众在生产和分配过程中都享有同等的权利和义务。生产资料归全体劳动者所有的基本规则确保了劳动者拥有自身劳动产品这一诉求已经成为现实，并在此基础上坚决消除不劳而获的食利者阶层，从而实现在生产劳动和利益分配面前人人平等的正义格局。社会主义分配方式的实施情态就如马克思在《哥达纲领批判》一书中所赞颂的那样，"它不承认任何阶级差别。因为每个人都像其他人一样只是劳动者"①。也就是说，在社会主义社会的正义性分配方式之下，没有人能够"享有"在不从事任何生产劳动的情况下还能参与财富分配的特权。每一个社会成员都是地位平等的、通过自身劳动获得相应财富回报的劳动者，就像马克思所建议的那样，"每一个生产者，在作了各项扣除以后，从社会领回的，正好是他给予社会的。他给予社会的，就是他个人的劳动量"②。也就是说，当代中国依循马克思恩格斯分配正义论在全体民众中实行了按劳分配制度，每一位劳动者在生产过程所付出的劳动量成为其在分配过程中获取回报的唯一衡量标准。这就在最大程度上消除了财富分配过程中的非正义现象，从而行之有效地避免了贫富悬殊现象的发生。

需要注意的是，当代中国所实行的按劳分配既不是平均主义式的分配，也不同于共产主义高级阶段的按需分配，而是按照劳动者在生产过程中所提供的劳动量作出的差异性分配。众所周知，不同劳动者在体力、智力和家庭状况等诸多客观因素上存在着不同，这些先天因素致使他们在同一时间内向社会提供的劳动量

---

① 《马克思恩格斯文集》(第 3 卷)，人民出版社 2009 年版，第 435 页。
② 《马克思恩格斯文集》(第 3 卷)，人民出版社 2009 年版，第 434 页。

也存在着差异，这样自然会慢慢形成劳动者之间的收入差距。但这种差距只是富裕程度的阶段性不同，而非阶级利益对抗之下的两极分化。因此，当代中国要坚持以按劳分配为主、多种分配方式并存的基本分配制度，还要积极"构建初次分配、再分配、三次分配协调配套的基础性制度安排"①，逐步缩小全体民众之间的收入差距。当代中国还要在社会财富的分配过程中处理好效率与公平的关系，对于初次分配中可能出现的收入差距过大现象，要在再次分配中加以调节，并引导部分高收入群体积极主动地参与第三次分配。这一新型分配方式是对马克思恩格斯分配正义论的创新和发展，它能够在调动全体劳动者生产积极性的同时在最大程度上减小收入差距，从而落实大幅度减少贫困人口、增加低收入者收入、持续扩大中等收入人群以及调节过高收入等分配格局，为在全体民众中"扎实推动共同富裕"确立制度性保障。

---

① 习近平：《扎实推动共同富裕》，《求是》2021 年第 20 期。

第四章　消费正义是马克思恩格斯
正义论的价值旨归

消费本是人类诞生之初就拥有的一项自由自觉的活动，但在资本主义社会中却成为普罗大众难以摆脱的无形枷锁，不少当代西方学者在对这一问题进行反思时不去追究幕后"黑手"，反倒一味地把责任归咎于消费本身而将其污名化。相较而言，马克思则独具慧眼地强调，"消费早就被破坏了"①。资本主义生产方式下的消费早已被异化，它不再是满足个体自身真正发展需要的手段，反而成为与人相对立的异己活动。只有在对异化消费的彻底批判中揭露出资本操控这一隐蔽性根源，才能让消费回归本真。换而言之，这些西方学者在反思社会消费乱象时一味地把责任归咎于消费本身，而马克思则前瞻性地指出，问题不在于消费，而在于资本的幕后操控：就生产消费过程而言，资本家通过资本原始积累的非正义运动占据了社会中的绝大部分生产资料，"顺理成章"地"拥有"了全方位组织和监督工人从事生产劳动的权力，从而尽可能地迫使劳动者这种"活劳动"与劳动资料这种"死劳动"在生产过程中"亲密"结合。也就是说，资本家凭借雇佣劳动模式中的工资购买手段过度消费劳动者的劳动能力，以便按照实现资本增殖的目标迫使工人从事加工劳动资料的异化劳动，最终导致工人在生产消费过程中发生了异化；就个人消费过程而言，工人在资本主义分配方式下只能获得微薄的劳动报酬，这一点经济收入充其量只能维持自身及其家人的基本生活开销，根本无力承担稍显丰富的消费需求。这种低层次的消费活动在实质上只是为了新一轮的生产

---

① 《马克思恩格斯全集》(第34卷)，人民出版社2008年版，第559页。

消费所服务的，这种个人消费的异化性质自然是不言而喻的。

资本主义社会既无法防止资本对生产和消费关系的肆意破坏，又不能满足普通民众的真正消费需求，更不会观照人们因消费而形成的社会关系，最终导致消费变成与人相对立的异化活动。与此形成鲜明对比的是，当代中国要以马克思恩格斯的消费正义论为指导，以此构建新时代中国特色社会主义消费观，确保消费成为实现人的自由而全面发展的主体性活动。社会主义社会必须在消费过程中重构"消费正义"逻辑，确保全体社会成员在生产消费和个人消费过程中获得自由而全面的发展，为实现所有个体的共同富裕奠定价值旨归。

第一节　资本主义消费方式和生产活动之间的对立关系

任何一种社会经济形态中的消费方式与生产活动之间在理论上完全可以形成良性循环关系。社会组织全体劳动者从事生产本来就是为了尽可能地制造出满足全体民众合理消费需求的各类产品，而现实生活中切实有效的消费行为也会反过来促进生产活动的有序发展。对于生产和消费在纯理论层面的这种辩证关系，马克思曾在《1857—1858 年经济学手稿》中做过较为详细的分析，他尤其强调了生产和消费具有同一性，"生产直接是消费，消费直接是生产。每一方直接是它的对方"①。也就是说，生产和消费属于经济运行过程中自然呈现出的一体两面的存在物，它们并非互不关涉的两种独立活动，而是互相为对方提供对象，从而在实现自身的同时也创造出对方。没有消费的话，生产就会缺失想象的对象，而没有生产的话，消费就会缺失外在的对象。然而，生产与消费之间的这种正向互动关系却在资本主义生产方式下被刻意割裂，生产和消费都因沦为资本的附属品而丧失自身的自觉自主性，两者之间的同一性关系也因此被严重扭曲和破坏。

一、生产不再为消费提供外在对象

在一个符合正常经济运行逻辑的社会经济形态中，生产本该为广大民众的各

---

① 《马克思恩格斯全集》(第 30 卷)，人民出版社 1995 年版，第 32 页。

种消费需求提供相匹配的各类产品。然而，在资本主义社会中，生产的根本目的已经被扭曲为实现资本的增殖，满足社会生活中的合理消费需求反倒成了其仅仅在客观上所达成的次要效果。在这种单向度谋求少数食利者财富积累的社会经济环境中，资本家作为人格化的资本，毕生将追求资本的无限增殖当作组织和管理生产活动的唯一目标，就如马克思所批判的那样，"他进行生产时根本没有考虑到消费。他是为生产剩余价值而生产"①。单个资本家推进生产的最大动力就是尽可能又多又快地积累个人财富，而要想实现这一目标，他必定要在生产过程中想方设法地迫使工人承受繁重的体力或脑力劳动，并在分配过程中仅仅凭借支付低廉工资的"代价"就轻易夺走工人所创造的全部劳动产品，进而通过兑现其中所包含的剩余价值而大发其财。不难判断，劳动产品是否符合市场上的真实消费需求不是资本家们关注的首要对象，这些产品能否帮助他们在最大程度上攫取剩余价值才是根本关切点。这种急功近利的投资倾向将不可避免地导致资本主义社会中的生产与消费发生较为明显的对立。由于过度关注产品所带来的利润量而无视其在生活中的真实需求度，资本家仅仅按照个人"精心设计"的生产规划就迫使工人通过终日辛勤劳作制造出大量劳动产品，并试图通过快速出售这些商品来实现个人的发家致富。然而，存在于资本主义社会中的"残酷"经济事实恰恰在于，一边是市场上堆满了因无序生产而带来的海量滞销商品，另一边则是无力满足自身各类需求的广大消费者，造成这种反差的根本原因就在于被资本所掌控的生产活动已然丧失了匹配民众真实消费需求的功能。

在资本增殖逻辑主控一切的资本主义社会中，资本家们不可能依循广大民众的真正消费需求来向市场输送各类劳动产品，而是以能否在最大程度上谋取利润作为开启生产劳动的首要衡量标准，就如马克思所说，"因而一切商品的生产是为了买卖，而不是为了直接消费"②。具体来说，资本家生产某种特定商品的直接动机来自在市场上顺利兑换其交换价值的经济预期，而非单纯就是为了通过该

---

① 《马克思恩格斯全集》（第 33 卷），人民出版社 2004 年版，第 68 页。
② 《马克思恩格斯全集》（第 33 卷），人民出版社 2004 年版，第 146 页。

产品来满足民众的真实消费需求。可见，尽管资本家一直自诩秉持"顾客就是上帝"的商业理念，但他们对于消费者各类需求的所谓"关心"是急功近利和"精挑细选"的，只有那些有可能实现资本增殖预期的消费需求才会被纳入生产规划中。反过来，资本家哪怕明知道某类产品能够很好地满足民众的迫切消费诉求，但因其生产成本过高或销售利润过低导致所能带来的财富扩充度极为有限，他们就会毫不犹豫地把它排除在生产清单之外。这种非正义的投资动机使得资本主义社会中的生产活动只能为资本家所判定的、那种可以带来利润最大化的消费需求提供对象，至于这种对象是否能够真正地契合民众的切实需要则不是资本家所首要关心的问题。针对这种忽略消费需求的生产倾向，马克思曾经形象地举例加以说明，资本家根本不会在乎"用刀叉吃熟肉来解除的饥饿不同于用手、指甲和牙齿啃生肉来解除的饥饿"①。也就是说，资本家根本不在乎哪一种消费方式能够更高效地满足消费者的实际需求，他只关心到底是生产刀叉，还是生产筷子抑或是一次性手套等其他替代型商品能带来更多的利润。在这种情况下，生产根本无法为真正的消费需求提供相应的产品对象，而只能被资本的无限增殖欲求所操控。

　　不难看出，生产为消费提供对象这一正常的经济功能在资本主义生产方式下被严重扭曲和破坏了。人类自诞生之日起就在进行各种各样的消费活动，但这些消费行为起初只是为了满足自身的基本生存需要而尚未关涉到任何牟利用途。随着社会分工的逐步细化，任何一个个体劳动者都必须要通过交换才能满足自身的多方面的消费需求，而人与人之间日益频繁的交换活动最终衍生出货币这个一般等价物。在此之后，货币对于社会经济生活的深度介入深刻改变了人们的消费活动，就如马克思所说，"商品交换的目的是直接占有所交换的商品，是消费这种商品。……现在，商业的目的不是直接消费，而是谋取货币，谋取交换价值"②。也就是说，社会上人与人之间的交换活动不再只是为了满足自身的各类消费需求，还有可能就是借助交换行为将让渡给对方的产品转化成用于积累个人财富的

① 《马克思恩格斯全集》(第30卷)，人民出版社1995年版，第33页。
② 《马克思恩格斯全集》(第30卷)，人民出版社1995年版，第98页。

货币。这种经济行为意味着消费在这一商业情境中已经产生了某种程度上的异化，因为资本所促成的多次交换的目的不再直接指向消费，而是为了在流通过程中实现自身增殖。展开来说，在资本增殖逻辑成为资本主义社会经济形态的贯穿依据前，人们所从事的商业活动纯粹就是为了通过交换直接占有和消费各类劳动产品。而资本主义商业的目的则变成了通过交换来兑现商品的交换价值并将其转化为货币资本，消费在这一转换过程中沦为资本家用来攫取剩余价值的工具。对于这种现象，马克思进一步指出，"由于交换的这种二重化——为消费而交换和为交换而交换，产生了一种新的不协调"①。在马克思看来，资本主义社会中的交换活动因资本的强行介入而呈现出为消费而交换和为交换而交换的二重分化。为消费而交换才是纯粹商业意义上的交换价值的流通，但因其不能又快又多地实现资本增殖而被资本家所摒弃，他们所看重的反而是颠倒供求关系的为交换而交换，这些营商思路都使得生产无法在真正的意义上推动消费的发展。

资本操控之下的生产活动不再是为消费者输送可供他们直接占有和消费的各类劳动产品，而是为了完成资本家攫取剩余价值的根本任务。在资本主义社会的经济生态中，消费从一种自由自觉的主体活动沦为一个被资本所利用的中介环节，以至于市场上为兑现交换价值而交换的功利性倾向取代了为满足消费需求而交换的正常经济逻辑。在马克思看来，消费的这种被迫性转变属于典型的异化现象，"生产生产着消费"②原本是社会消费生活中的正常现象，生产活动的专属功能就在于从消费对象、消费方式和消费动力三个层面为消费者提供满足他们各种需要的劳动产品。然而，立足于匹配真实消费需求的生产活动却在资本主义生产过程中被"改造"成资本家为了发财致富而开展的与消费相对立的功利化行动，这么做的结果就只会向市场上输送大量超出真实消费需求的过剩商品。

资本家们还过度滥用了"消费从两方面生产着生产"③这一原理，打着发展生产力的"幌子"将消费仅仅定性为扩大生产规模乃至实现资本增殖的专属手段。在

①　《马克思恩格斯全集》(第30卷)，人民出版社1995年版，第98页。
②　《马克思恩格斯全集》(第30卷)，人民出版社1995年版，第33页。
③　《马克思恩格斯全集》(第30卷)，人民出版社1995年版，第32页。

这种经济发展逻辑的"指引"下，急功近利的资本家们只注重"开发"消费兑现商品交换价值的这一功能。他们不但无视广大民众的真实消费需求和有限消费能力，而且把尽可能地突破这种消费界限视作必须要完成的商业目标，最终导致超量的消费对象被生产出来。即便如此，当市场上因供过于求而出现商品滞销现象时，资本家们不是通过减少无效生产或增强民众消费能力等整改方式来加以纠偏，反倒是依然试图通过各类营销方式挖掘出新生的消费需求，这就不可避免地透支了广大民众因收入微薄而本就"孱弱不堪"的消费能力。众所周知，新的消费动力本该由自发产生的消费需求激发出来，但一心谋求出清滞销商品的资本家已经无法理性地去分析和观察真正的合理需求或耐心等待新的合理需求的产生，只会挖空心思地寻找一切可以增加商品销量的可能性方案。一言以蔽之，资本家们不会将满足消费者的真实需要当成投资生产的根本目的，他们只会为了资本增殖的需要生产那些能给自己带来高额利润的劳动产品，至于这些被寄予牟利厚望的商品到底能不能在市场上受到消费者的青睐已经不再是他们关注的首要问题。

二、生产不再产生消费的动力

生产和消费的同一性决定了消费实质上也就是生产。没有强劲的消费动力和足够的消费实力，无论多么强大的生产力也只能逐渐趋于萎缩乃至消亡，生产必须要为其对象化后的大量商品持续不断地再生出与之相匹配的消费动力和消费实力。换言之，一个社会不仅要在生产过程中将广大民众所自然迸发的合理消费需求作为制定生产规划的主要依据，而且要在分配过程中不断提升他们的收入水平以便形成具备一定消费实力的消费群体。只有这样才能为整个经济体系的顺畅运行提供源源不断的消费动力和消费实力，从而促进生产与消费之间的良性循环。然而，推崇资本增殖逻辑的资本主义社会在非正义性的生产和消费阶段都是以实现资本持续增殖为根本任务的，只有那些受到资本"关注"的消费需求才会得到资本家们的积极回应并及时为其生产出相应的商品，他们压根没时间从理性上评估这种被资本所"偏爱"的需求是否刚好与广大民众的合理消费需求相一致。当然，即便是这两种需求刚好达成了一致，也就是被资本家们纳入生产规划的商品正好既在主观上符合他们发财致富的欲求，又在客观上满足了广大民众的各种真实消费需求。这类产品似乎成功地解决了生产与消费之间的恶性循环问题，但不难推断的是，它们很快就会在"蜂拥而至"的海量资本的"簇拥"下被超额制造出来，以至于迅速逾越了因在分配过程中饱受压榨而"囊中羞涩"的广大民众的消费界限。

就生产过程而言，资本主义社会中无视广大民众真实消费需求的非正义生产活动从根源上损耗了消费者的购物动力，进而造成生产与消费之间的循环中断。不可辩驳的是，只有那些符合广大民众真实且合理的消费需求的各类商品才能激发出他们的消费动力。但负责组织社会化大生产的资本家们在资本的驱使之下变得盲目且自负，他们自认为能够在剥削劳苦大众的前提下还能持续扩大他们的消费需求，一心只想着通过扩大生产规模来加快资本增殖的速度，却无视市场上早已被透支的有效消费需求量。马克思曾经明确指出，资本主义社会中的"生产是直接为了商业，只是间接为了消费"①。也就是说，在生产和消费的既定直通关系中又增加了商业这个环节，这使得两者的直接转换关系被介入的资本所复杂化和扭曲化。资本主义社会中的生产活动不再只是为了直接满足消费需求，而是间接利用广大民众的消费活动来促进资本主义生产方式的可持续发展，归根结底就是为了完成资本增殖这一根本任务。在这种经济发展环境中，以资本增殖为首要目标的资本家们往往会刻意忽略那些民众迫切需要但利润回报量太低的真实消费对象，反倒是超额生产自己所认定的可以提供高额利润回报的想象消费对象。这种以资本增殖为生产导向的底层逻辑终将导致生产与消费的严重脱节，以至于要么是生产出超出民众正常消费需求的过量商品，要么是生产出压根不符合民众消费需求的无用商品。而面对即将爆发的生产过剩危机，资本家们依然企图通过各类营销方式"培育"出可以消化这些滞销商品的消费动力，也就是强行制造出刺激消费的泡沫式需求。这种做法尽管在短期内能够起到刺激民众消费的"强心针"作用，进而在社会生活中掀起一股冲动消费、超额消费和过度消费的不正常现象。

---

　　① 《马克思恩格斯全集》(第30卷)，人民出版社1995年版，第98页。

但从长远来看，广大民众尚未得到改善的孱弱消费力终究是没办法满足资本谋求持续增殖这一"野心"的，这种经济情境下的任何促销方案都必然会归于失败。显而易见，这种与生产形成消极对立的消费危机不是因为社会消费力过少而形成的，而是因资本家在资本无限增殖欲求的操控下不断扩大生产规模，制造出大量根本不符合民众真实消费需求的商品所导致的。

就分配过程来说，资本主义社会中一味偏袒资本家的非正义分配方式造成了有产阶级与无产阶级之间的贫富悬殊现象，进而不可避免地削弱了广大民众的消费能力。凭借非正义分配方式赚得"盆满钵满"的资本家作为个体虽然拥有"令人咋舌"的消费实力，然而从总量上看，他们因阶层人数过少也只能消费掉小部分商品。因此，市场上的绝大部分待售商品只有依靠广大民众的踊跃购置才能被成功兑现。然而，资本主义社会盲目性地扩大再生产会因罔顾民众的真实消费需求以及有限消费实力而造成生产过剩危机，就如马克思所说，"生产过剩不是因为缺乏需求，而是因为缺乏有支付能力的需求"①。不可否认的是，尽管资本主义社会的非正义生产以实现资本增殖为根本目的，但其在资本逻辑的"引导"下所制造出来的部分商品在客观上是有可能恰好符合民众真实消费需求的。即便是这样，这些商品也只能在短期内激发出广大民众的消费动力，因为资本主义社会中的广大劳动者在非正义的分配过程中只能获得维持基本生存的工资，以至于他们无法拥有满足合理消费需求的经济实力。就这样，资本主义社会中的生产过剩现象从长远来看是不可避免的，整个社会的消费动力都因自由自觉的正义性消费模式被资本所破坏而变得"萎靡不振"。

综上所述，资本主义社会非正义的生产和分配方式在很大程度上损耗了广大民众的消费动力，使得他们严重缺乏通过自身主动且积极的消费行为来盘活整个经济体系的经济实力，而这种非正义的消费状态又会反过来造成资本主义生产规模的持续萎缩，以至于可供分配的社会财富总量进一步缩小。显而易见，破解生产与消费之间这种恶性循环的关键因素就在于全面提升全体劳动者的经济收入水

---

① 《马克思恩格斯全集》(第 32 卷)，人民出版社 1998 年版，第 461 页。

平。然而，资本家出于维护自身经济利益的考量很难主动"让利于"劳苦大众。因此，除了发动推翻资本主义社会的暴力革命这一终极手段外，工人阶级想要提升自身的消费能力则只能依靠加倍劳作来缓慢积累个人财富。有鉴于此，马克思明确指出："因为作为通例，最高限度的勤劳即劳动和最低限度的消费——而后者就是工人最高限度的禁欲和货币积蓄——所能产生的结果，只会是工人付出最高限度的劳动而得到最低限度的工资。"①也就是说，虽然工人阶级在从事异化劳动的生产过程中承受着最大强度的体力和脑力劳动，却未能在分配过程中依靠这种劳动换回足以满足自身各种消费需求的公平收入。他们为了满足更多消费需求只能靠节衣缩食来积攒提升消费水平的积蓄，以至于完全丧失了享受正义式消费的可能性。而为了持续维护自身的剥削所得，资本家则极力在工人队伍中大肆鼓吹所谓"禁欲致富"的"秘诀"，试图误导后者相信消费实力不足的原因就在于自身在消费过程中不够节俭。这就产生了一个显而易见的悖论，资本家一方面希望通过激发民众的消费动力来购买市场上堆积如山的滞销商品，但另一方面又为了维系自身的利润空间而劝说民众要通过减少不必要的消费开支来逐步提升自身的消费能力。进一步来讲，资本家试图引导工人进行节余以便降低他们对生活资料的消费需求，从而降低购买可变资本所需要的货币成本，这实际上和扩大工人的消费需求之间构成了矛盾。再者，随着科技发展以及劳动生产率的提高，越来越多地被快速生产出来的商品需要所兑现，这就需要通过提高全体民众的工资来增强他们的支付能力，从而激发出和生产规模相匹配的消费动力。而这一经济发展过程中所自然迸发出来的调整财富分配的需求却被固守自身经济利益的资本家们所刻意忽略，那么资本主义社会中生产与消费之间的同一性被恶性破坏也就在所难免了。

三、消费丧失了对生产的能动性反作用

在一个遵循正常经济发展逻辑的社会形态中，生产和消费之间存在着辩证互

---

① 《马克思恩格斯全集》(第30卷)，人民出版社1995年版，第245页。

动的关系。生产通过制造出消费对象、消费方式和消费动力这三层要素起到了决定消费的作用，而消费反过来也通过消化已有产品和创造新生产需要对生产起到了能动的反作用。然而，资本主义社会因将谋求资本增殖作为根本任务而从根本上破坏了生产过程的正常运行，导致其不再具备为消费提供对象和动力等决定性影响。至于消费活动本身，它本该起到促进生产发展的能动性反作用，但其在资本主义生产方式下仅仅被用作兑现商品交换价值的中介环节。这些商品自然不再是为满足个人的真正消费需求而生产的，它们不过是呈现交换价值以便完成买卖交易的物质载体。也就是说，资本主义社会化大生产并非将民众的真实消费需求作为超量生产的首要判断标准，反倒只是将赚钱与否作为最高生产导向。显然，这些对于资本家致富而言极为重要的商品却未必符合广大民众的合理消费需求，以至于市场上的滞销现象开始愈演愈烈，社会消费活动已经无法起到消化市面上商品的正向作用。再者，民众自然而然产生的真实消费需求在正常情况下会触发新的生产需要，但在资本主义社会中，这种合理的新兴需求最终能否被纳入生产规划却只取决于满足该消费需求的相应产品所能给资本家提供的剩余价值量。对于那些被判定为利润空间极小的需求，哪怕再符合民众的迫切诉求也不可能被资本家所把持的生产线所重点开发，就这样，消费凭借自发产生的新需求来推动生产发展的这一作用也很难发挥出来。

就消费所能起到的消化商品这一主要功能而言，任何一种生产出来的商品如果始终不能在交换过程中被成功售出，那么它就只能变成缺乏交换价值的劳动产品，甚至最终沦为被随意丢弃的废品。一旦商品滞销现象开始成为经济发展过程中不可遏制的主流趋势，就必然会造成生产资源的极大浪费以及整体经济环境的恶化。当然，资本家实际上也清醒地意识到"产品只是在消费中才成为现实的产品"①这一原理，也就是说在他们想象中具有极高利润回报的产品只有在现实消费活动中被有效购买才能成功兑现其交换价值。这明确地意味着，资本家们在进行生产规划时务必要关注广大民众的实际消费需求，然后合理化地生产满足这些

---

① 《马克思恩格斯全集》(第 30 卷)，人民出版社 1995 年版，第 32 页。

需求的各类产品，从而在顺利售出这些商品的同时在客观上促成生产与消费之间的良性循环。然而，资本家们在资本驱使之下总是刻意忽略劳苦大众的真实消费实力，反倒是非理性地超额生产那些在想象中能够带来丰厚剩余价值的产品，并极为自负地期许通过激发民众本就羸弱的消费潜力顺利兑换这些商品中所包含的利润。但资本主义社会的经济事实表明，广大民众因收入微薄导致自身的消费需求极为有限，从而无法和资本家们无序扩大生产规模的趋向及追求超额利润的意图相匹配，以至于大量的被超额生产出来的商品将长时间地滞留在市场上而"无人问津"。

　　消费对生产的能动性反作用还体现在其可以创造出新的生产需要，这具体表现为它要么是推动市场上已有商品的扩大再生产，要么是对尚未问世的新产品的催生。以持续实现资本增殖为毕生使命的资本家们自然试图尽可能地利用消费的这一功能，以便在扩大生产规模的基础上源源不断地积累个人资本，这一倾向自然而然地引导他们采取了以下行为，具体情形就如马克思所总结的那样："第一，要求在量上扩大现有的消费；第二，要求把现有的消费推广到更大的范围来造成新的需要；第三，要求生产出新的需要，发现和创造出新的使用价值。"① 一言以蔽之，想要大幅度增加消费需求就必然要在原有基础上扩大消费量或在已有消费市场之外再开辟出新的消费生长点。为了实现这一目标，资本家首先想到的就是通过一切营销手段尽可能地增加现有产品的销售量，毕竟已经制造出来的产品如果不能及时售出的话就会进一步造成资本循环的卡顿。然而，这一营销策略不可避免地在客观上受到广大民众有限消费需求的极大制约；资本家还试图做到的就是通过开辟世界市场来扩大现有产品的销售范围，毕竟在既定市场中已经出现滞销现象的商品只能谋求在其他外部市场上找到新销路，但这一行动终归也会因到处倾销过剩商品而逐步将世界范围内仅存的消费空间消耗殆尽；最后，资本家还能想到的促销方案就是"精心"包装出本不存在的消费需求，也就是说刻意打造超出广大民众正常想象空间的新型产品，然后通过各种赋魅手段夸大该产品所具备

---

① 《马克思恩格斯全集》(第30卷)，人民出版社1995年版，第388页。

的独特使用价值，以便在广大民众中挖掘出新的消费需求。这种手段从长远来看必然导致原本理性的消费行为被符号化的消费主义所侵蚀，以至于此类消费活动关注的重点不再是产品本身实实在在的使用价值，反而是该类产品是否具备显现购买者身份和地位的附加价值。然而，这种依靠制造想象空间来扩大商品销量的行为也只能打动少部分喜欢非理性购物的消费群体，不可能从整体上扭转广大民众"量入为出"的理性消费观。综上可见，如果不通过增加劳动收入来切实提升广大民众的有效消费能力，任何扩大消费需求的促销手段都只能成为"昙花一现"的权宜之计。

　　总之，资本主义社会非正义的生产和分配方式必然会破坏消费在经济发展过程中的正常功能，尤其是会扭曲消费与生产之间的同一性关系，而无法与生产形成良性互动的消费最终只能承受被异化的结果，就如马克思所说，"因此很明显，资本的发展程度越高，它就越是成为生产的界限，从而也越是成为消费的界限"①。资本发展程度越高自然意味着资本家从工人身上所攫取的剩余价值量越多，而这些持续增加的利润量必然是以扩大生产规模为前提的。这就不难判断，无法自控的资本增殖欲求终将导致生产的无序扩张，其所带来的超量商品也必然会超出广大民众所能承受的消费界限，而一旦发展到这一步，远远超出消费界限的生产自然也就走到了崩溃的边缘。尽管资本无力解决有限消费需求和无限增殖欲望之间的矛盾，但其企图突破生产和消费的双重界限，不断驱使资本家们以超出真实消费需求的规模开启批量生产，并竭力缩短生产和流通的运转周期，以便更多更快地实现商品的交换价值，这使得生产与消费之间的矛盾冲突越发明显地呈现出来。马克思进一步预测到，资本的过度操控必然会导致"直接生产者、生产者大众、工人的消费和生产彼此完全不成比例；相反，它们随着资本主义生产方式的发展而越离越远。另一方面，这些环节的相互异化和它们的内在联系，或者说，它们的相互依赖，会在它们被强制地达到一致即在危机中表现出来"②。

---

① 《马克思恩格斯全集》(第30卷)，人民出版社1995年版，第397页。
② 《马克思恩格斯全集》(第38卷)，人民出版社2019年版，第432页。

众所周知，资本唯一关心的事情就是如何实现自身的持续增殖，为了实现这一欲求，作为资本代言人的资产阶级通过剥削和压榨工人阶级来尽可能多地攫取剩余价值。他们迫使广大劳动者在承受最高限度的生产劳动的同时却只能得到最低限度的劳动报酬，这种付出与收获完全不成比例的经济模式使得劳苦大众只能生活在维持基本生存的非正义消费模式中。显而易见，资本主义社会中这种非正义的生产和分配手段尽管在短期内让资本家们赚得"盆满钵满"，但却致使承担社会主要消费任务的广大民众的消费能力逐渐萎缩，以至于根本无力消化市场上堆积如山的海量商品，进而导致消费与生产的完全脱节并走向不可调和的尖锐对抗。

第二节　工人阶级在资本主义非正义消费方式中被异化

生产与消费的辩证互动关系在资本主义非正义的生产方式中被严重破坏，进而导致社会生活中的消费活动明显缺乏原本由生产所提供的对象、方式和动力，以至于陷入丧失自觉自主性的异化困境。资本主义社会这种非正义的消费方式对于工人阶级的消费活动造成了双重困扰，马克思对此明确加以说明："工人的消费有两种。在生产本身中他通过自己的劳动消费生产资料，并把生产资料转化为价值高于预付资本价值的产品。这是他的生产消费。同时这也是购买他的劳动力的资本家对他的劳动力的消费。另一方面，工人把购买他的劳动力而支付给他的货币用于生活资料：这是他的个人消费。"[1]在马克思看来，我们不能把资本主义社会中的消费活动仅仅理解为购买各种生活资料的个人消费行为，还要从社会生产的角度辩证地将消费理解为消耗各种生产资料的集体生产行为。从发生顺序上来看，工人阶级的消费活动首先就是生产消费，这一形式展开来说具有三种分层次的含义：第一，资本主义生产过程中所呈现出来的"死劳动"就是资本家在个人消费过程中所购置的用于开启生产活动的生产资料；第二，资本主义生产过程中所呈现出来的"活劳动"实际上也就是资本家在个人消费过程中所购买的自由劳动

---

① 《马克思恩格斯全集》(第44卷)，人民出版社2001年版，第659页。

力资源；第三，资本主义生产消费就是工人阶级将自身的"活劳动"与生产资料这一"死劳动"相结合后加工制造出劳动产品的过程，而这为资本家源源不断地提供了用于资本积累的剩余价值。其次，工人阶级的消费活动还是个人消费，而这一形式展开来说则具有两种分层次的含义：第一，工人阶级的个人消费自然就是使用自己的劳动报酬购买满足自身各种需求的生活资料的过程；第二，从社会生产的角度来看，工人阶级的个人消费则是他们在消耗各种生活资料后再生出参与新一轮生产消费的劳动能力的过程。显而易见，在资本主义社会的非正义生产方式下，工人阶级所展开的生产消费和个人消费都不过是资本主义生产和再生产的中介环节，他们无法从这两种消费活动中获得自由自觉的主体体验，相反却被深度异化。

一、工人阶级在生产消费过程中被异化

资本主义生产方式下的生产消费不同于一般意义上的个人消费，后者所开展的消费各种生活资料的行为只是满足自身在物质和精神层面的各种需求，但其并不能给消费主体带来任何经济收益，而前者不仅由资本家在生产过程中消费自己所购买的生产资料和劳动力的使用价值，而且还要借此制造出包含着比预付资本更高价值的劳动产品。

要想完成生产消费所制定的目标，资本家就必须在市场上寻找到一种可以通过消费其使用价值而产生价值的特殊商品，这就是可以自由出卖劳动力的劳苦大众。当然，资本主义市场中之所以四处可见寻找被雇用机会的劳动者，根本原因就在于这些求职者在资本主义生产方式确立的过程中被褫夺了赖以安身立命的生产资料，以至于自由到除了出卖劳动力之外一无所有。就这样，资本家通过雇佣劳动模式将劳动者和生产资料紧密地聚集在各种"血汗工厂"的生产线上，并通过消费工人的劳动力完成劳动的对象化并创造出剩余价值。由此可见，生产消费实质上就是资本家消耗和使用工人劳动力的过程。这一过程中资本家所购买的生产资料并非工人的消费对象，反而成了消费工人的主体，就如马克思所总结的那样，"不是工人把生产资料当作自己生产活动的物质要素来消费，而是生产资料

把工人当作自己的生活过程的酵母来消费"①。如前所述，资本主义社会中的工人阶级主要是由丧失生产资料的广大劳动者转化而来，为了谋生他们不得不加入到被资本家所把控的雇佣劳动体系中。然而，在这种以实现资本增殖为根本任务的生产消费中，资本家作为生产活动的组织者和管理者唯一关心的就是尽可能又快又多地制造出各类劳动产品，而工人则是在异化状态下完成这一目标的关键性力量。仅从理论上来说，如果能够成为拥有各类生产资料的劳动主体，那么任何一个个体劳动者都可以按照自身意愿主动展开生产消费活动。然而，资本主义社会中的工人阶级早已失去了在生产过程中把握生产资料的劳动自主权，他们自然也就不可能按照自身意愿来消费生产资料并制造出各种劳动产品，反倒是被急需转化成各种包含剩余价值的生产资料所牢牢"掌控"，只能被动地承担起异化消费状态下的生产劳动任务。

虽然工人已经在生产消费中因丧失自身主体性而被劳动对象所异化，但资本家不但刻意无视这一现象，反而竭力将这一过程尽可能地拉长以便榨取到更多的剩余价值。但是，人作为生物体所能承受的劳动量是有生理界限的，他不可能不眠不休地始终处于异化劳动的状态中，而是要在尽可能足量的休息时间中不断补充生活资料来持续恢复自身的劳动能力。资本家不得不接受这一事实，就如马克思所说："他必须始终让买者只是在一定期限内暂时支配他的劳动力，消费他的劳动力，就是说，他在让渡自己的劳动力时不放弃自己对它的所有权。"②除了能够创造比自身价值更高的剩余价值外，劳动力商品和其他纯消费型商品所不同的是，后者一经售出就归购买者所全权拥有和任意支配直至其使用价值被消耗殆尽，然而对于前者的消费则是有各种限度的，这具体表现在：第一，即便是在资本主义非正义的生产消费过程中，工人阶级"出售"给资产阶级的也仅仅是自身的劳动能力，这在根本上区别于底层劳动者在前资本主义社会中连最基本的人身所有权也被剥夺的这一残酷事实；第二，工人阶级所"出售"的劳动力商品不能够被

---

① 《马克思恩格斯全集》(第44卷)，人民出版社2001年版，第359页。
② 《马克思恩格斯全集》(第44卷)，人民出版社2001年版，第195~196页。

持续消费，而是必须有消费时间的间隔，否则就会出现恶性消亡的后果。这些因素决定了资本家对于生产消费实施过程的个人预期和工人所能承受的生理极限之间产生了难以调和的矛盾：对于资本家而言，他们所"期盼"的生产消费就是在生产过程中最大限度地消耗自己所购买的劳动力商品，以便从中攫取到尽可能多的由这种特殊商品所创造的剩余价值；而对于工人阶级而言，他们虽然在资本主义生产方式下被迫接受了异化劳动模式，但这并不意味着他们能够化身为无须休整的机器人，因为只要是生物体就根本不可能为资本家承受 24 小时不间断的生产消费活动。面对这一显而易见的矛盾，资本家却毫不犹豫地将所鼓吹的正义精神抛之脑后，想方设法地诱使工人签订各种"正义"合同来尽可能地消费他们的劳动能力。

如上所述，资本家不管使用什么非正义的手段也只能在一定时间内消费工人的劳动能力，这一消费限度极大地"妨碍"了他们谋求资本无限增殖的意图。为此，资本家们想尽各种办法来延长工人的劳动时间或者增加工作中的劳动强度，以便尽可能多地榨取他们的相对剩余价值和绝对剩余价值，这么做的后果当然只会致使工人的劳动能力严重受损。面对资本主义这种违背人性的非正义生产消费模式，马克思不无痛心地强调："在工人一方就是劳动，从而就是生命力的消耗。如果劳动超出一定的持续时间而延长，或者说，劳动能力的价值增殖超过一定的程度，那么，劳动能力就不能得到保存，而是暂时或最终遭到破坏。"①也就是说，工人在资本主义生产消费过程中所承受的过量劳动实际上就是在消耗自身的生命力，而劳动原本作为一种自由自觉的主体活动是一种张弛有度的生产形式，但其在资本主义社会中被资本扭曲成以损害劳动主体身心健康为代价的牟利手段。资本家在这一过程中尽可能长时间地迫使劳动力创造剩余价值，甚至"疯狂"到无视广大劳动者的生理极限，以至于工人因在生产消费过程中过度消耗精力而越来越难以恢复自身原本具备的劳动能力。显而易见，这种透支劳动能力的生产消费方式极大地损害了劳动者的生命力，就如马克思所说："此外，资本消费劳

---

① 《马克思恩格斯全集》(第 32 卷)，人民出版社 1998 年版，第 205 页。

动力是如此迅速，以致工人到了中年通常就已经多少衰老了。"①资本主义的非正义式生产消费为了实现资本增殖的根本任务，不惜把活生生的广大劳动者异化成任意支配的"活劳动"，最终造成大批劳动者未老先衰的恶果。然而，这种非正义现象却被资本所无视，其自我设定的"理想"状态就是始终处于增殖的流动状态中，而工人所必需的休息时间只会让生产消费转入停滞阶段而导致其利益受损，所以它只会尽可能地拉长工人的劳动时间而不在乎他们的身心健康。在这种情况下，资本的无限增殖欲望和工人的有限身体属性之间自然会爆发矛盾。资本家无论如何也不能够让工人不间断地承受各种体力或脑力劳动，只好想方设法地在生产消费过程中尽可能地透支工人的劳动力，导致工人劳动得越多，生命力消耗得就越快，以至于"沉沦"在异化消费的生产状态中而无法自拔。

二、工人阶级在个人消费过程中被异化

资本主义社会中工人阶级的个人消费活动同样被高度异化，其不仅丧失了本该满足个体各种生活需求的这一主要功能，而且还被抑制成立足于为生产消费输送劳动力的生存手段。换而言之，资本主义的非正义分配方式在"成就"资产阶级发家致富的同时导致工人阶级在终日劳作之后却日益贫困，后者因收入过低只能买得起维持基本生存的生活资料，根本不可能去开展符合美好生活标准的高层次消费活动。显然，工人阶级因自身贫困而开展的低水平消费活动严重贬损了主体的劳动积极性和获得感，充其量只能在客观上起到消化部分商品以及勉强再生出参加生产消费的劳动力的作用。

工人阶级在个人消费活动中所呈现出的异化状态具体表现为严重缺乏为了满足自身的多层次需求而必须具备的消费实力，而这从根源上来说就是资本主义的非正义分配方式所带来的必然结果。如前所述，丧失生产资料的工人阶级只能依靠将劳动力及其对象化产物廉价出售给资产阶级的方式养活自己，后者则利用占据生产资料的先期优势在分配过程尽可能地掠夺前者所创造的绝大部分财富，

---

① 《马克思恩格斯全集》(第 44 卷)，人民出版社 2001 年版，第 739 页。

以至于两者之间的贫富悬殊现象日益加重。在这种非正义的财富分配环境中，工人所拿到的工资低至只能购买极为有限的、勉强维持自己和家人基本生存的消费对象，就如马克思所说，"这样的工人同资本交换的唯一对象和目的，就是维持动物般的最低限度的需要和生活资料"①。资本家在财富分配过程中身价倍增，而广大劳动者在终日劳作之后只能换回微薄的劳动报酬，他们所从事的极为繁重的生产劳动归根结底不过是为资本增殖服务。这一反差不但违背了按照实际劳动贡献分配应得财富的正义性原则，甚至还导致劳苦大众丧失了作为人这种消费主体应有的体面和尊严，甚至是只能像动物一般过着维持基本温饱的生活。显而易见，资本主义社会中的非正义分配方式直接导致工人阶级与资产阶级的消费质量存在着天壤之别。始终处于相对贫困状态中的劳苦大众根本无力满足符合自身个性发展的消费需求，反倒是只能为养家糊口而终日奔波，而赚得盆满钵满的食利者阶层不仅在个人消费生活中极尽奢华，而且还为不断扩大自己所把控的生产消费规模准备好了足量资本。就这样，资本家除了在生产消费过程中最高限度地榨取工人的劳动力之外，还通过支付最低限度工资的"伎俩"来降低生产成本以便获取最大数量上的剩余价值，就如马克思所说，"他所操心的只是把工人的个人消费尽量限制在必要的范围之内"②。对于资本家来说，他唯一关心的当然是在最大限度上攫取剩余价值，也就是要把劳苦大众的个人消费水准压制到最低层次上，丝毫不会顾及这种低质量的消费生活会给劳动者造成多少身心上的无谓损耗。在这种无限度逐利倾向的驱使下，资本家在开启生产消费活动之前就迫使广大劳动者签订所谓的正义性合同，还"义正词严"地声称一直依据公平公正的原则向工人支付实际上只够维持基本生存的约定工资。

面对工人阶级呼吁通过涨工资来提高消费水平的合理诉求，只要这些口头抗争尚未威胁到生产活动的顺利开展，资本家就不会主动采取任何让利措施，而是在维持自己各种高消费的同时却竭力"规劝"劳苦大众要崇尚禁欲精神，以便降低

① 《马克思恩格斯全集》(第30卷)，人民出版社1995年版，第245页。
② 《马克思恩格斯全集》(第44卷)，人民出版社2001年版，第660页。

他们对物质资料以及精神资料的消费需求，让他们"心甘情愿"地接受工资收入过低这一非正义事实。除此之外，资本家还想方设法地大幅度削减购买自由劳动力所需要的货币成本，在相对意义上不断降低工人所能获得的劳动报酬，导致他们只能领取极其微薄的工资来勉强支撑起低层次的个人消费。更加讽刺的是，资本家一边要求自己的工人禁欲，一边又通过各种方式诱导其他工人"尽情"消费，就如马克思所说："那么，每个资本家虽然要求他的工人节约，但也只是要求他的工人节约，因为他的工人对于他来说是工人，而决不要求其余的工人界节约，因为其余的工人界对于他来说是消费者。"①对于单个资本家而言，自己工厂里的工人如果勤俭节约的话自然有利于节省预付资本的开支，而整体工人界的其他工人则是兑现自家商品交换价值的消费主体，他必然会通过各种方式诱导后者尽可能地开展不必要的超额消费活动，以便尽快完成资本增殖。大而言之，所有资本家都企图在降低劳动者收入水平和提升劳动者消费实力这对矛盾间寻找一个破解点：一方面，资本家为了尽可能多地攫取剩余价值必然会在最大限度上减少工资成本的支出，也就是将自己所雇佣的工人的工资降至仅能维持他们的基本生存；另一方面，资本家为了尽可能多地兑现剩余价值必然会竭力出清自己所占据的海量商品，而这就需要社会上的其他工人具备尽可能强劲的消费实力。不难推导，单个资本家或许能在理论上达成减少工资支出和扩大销售额度的一致，然而在现实经济生活中，当所有的资本家都持有这种"既要又要"的矛盾意图时，就会将缺乏高收入和展开高消费这对不可调和的矛盾在广大劳动者中彻底引爆。这种非正义的消费环境使得工人阶级在个人消费的过程中被彻底异化，以至于与自由自觉的本真消费活动背道而驰。

资本主义社会中的工人阶级在个人消费活动中只能勉强满足最为基础的生存需求，而这些低层次的消费活动主要作用就是维持劳苦大众的基本生活，实质上不过就是给参与生产消费的广大劳动者再生出劳动能力而已。简而言之，工人阶级的非正义消费活动根本满足不了自身的丰富需求，其主要功能已经被异化成为

① 《马克思恩格斯全集》(第30卷)，人民出版社1995年版，第247页。

生产消费提供源源不断的劳动力，马克思对此明确指出："对资本家来说，工人消费工资是生产的消费，这不仅是因为资本家由此会重新得到劳动，比工资所代表的更大的劳动量，而且还因为工资会给资本家再生产出[资本继续存在的]条件，劳动能力。"①众所周知，资本家们总是自诩为给社会大众提供各种就业岗位的实干家，并声称是他们所"慷慨"支付的工资养活了劳动者及其家人。然而，事实的真相恰恰在于，广大劳动者所拿到的工资不仅是他们"天经地义"的劳动所得，而且实际上只是他们所亲自创造的商品价值中的一小部分。如果没有广大劳动者在"血汗工厂"里的终日劳作，资本家作为不事生产的食利者阶层根本就不可能生存在这个世界上，更不要说还"心安理得"地享受着极为奢华的物质生活。再要追根溯源的话，如果不是资本家借助资本的原始积累等行动逐步确立起资本主义生产方式，广大劳动者也不会因彻底丧失足以谋生的生产资料而进入雇佣劳动体系，以至于从形式上看起来需要依赖资本家所支付的工资才能维持生存。再者，工人阶级在使用少得可怜的工资去购买各种生活必需品时，貌似这是在自由自觉地展开个人的消费活动，但其实际上已经困顿到只能消费得起维持基本生存所需要的物质资料。在这种非正义的消费情境中，工人阶级的所谓个人消费根本就满足不了人这种主体本该享有的多层次需求，充其量只是在客观上起到了维持自己及家人生命力的作用，实际上还是为资本主义社会化大生产持续再生出参与生产消费的劳动能力而已。显而易见，工人阶级的个人消费活动在资本的操控之下不是为满足自身合理需求服务的，而是被异化为资本主义生产过程中的一个环节，究其根本不过是完成劳动力再生产的一种手段。

三、工人阶级陷入进退两难的消费困境

对于工人阶级而言，生产消费和个人消费之间在理论上应该能够形成良性循环的互动关系，前者为后者在消费活动中的开展夯实充裕的物质基础，而后者则为前者在生产活动中的发展提供积极的身心动力。展开来说，在一个以共富逻辑

① 《马克思恩格斯全集》（第32卷），人民出版社1998年版，第128页。

为发展导向的社会经济形态中，全体劳动者所推动的生产过程就是共同消费彼此的劳动合力，并通过积极性的自主劳动为社会创造出大量物质财富，并在随后的分配过程中依据按劳分配原则让每一位劳动者按照自身贡献大小获得与之相匹配的足量劳动报酬。在这种正义性的经济发展环境中，广大劳动者在完成生产消费后自然获得了可以用于满足多层次需求的经济收入，并在接下来的个人消费过程中因物质和精神层面的双重满足而得到了自由且个性的身心发展，借此全身心地再次投入新一轮的生产消费过程，从而达成整个社会消费状况的正义性发展。然而，在资本主义生产方式之下，工人阶级在生产消费和个人消费过程中都遭遇到了难以解决的困境。具体来说，他们尽管在生产消费阶段付出了远远超出生理极限的体力和脑力劳动，但并未因此而换回相匹配的劳动报酬，充其量只拿到了仅够维持低层次个人消费的少量工资。显然，工人阶级所展开的这种低质量的个人消费活动又导致他们在繁重劳动之余得不到充分休整，只能被迫在身心俱疲的状态下参与新一轮的生产消费。就这样，广大劳动者的消费状况陷入非正义的异化状态。

工人阶级之所以在资本主义社会中被异化消费模式所桎梏，根本原因就在于资产阶级凭借拥有生产资料以及雄厚资本的先行优势，在社会生产和分配过程中采取了极度剥削和压榨劳动者的非正义手段。马克思对于工人阶级的这种消费困境做过深刻剖析："因为作为通例，最高限度的勤劳即劳动和最低限度的消费——而后者就是工人最高限度的禁欲和货币积蓄——所能产生的结果，只会是工人付出最高限度的劳动而得到最低限度的工资。"①不难看出，工人阶级在资本主义社会的生产和分配过程中被资产阶级所极限压迫，以至于从根本上丧失了享受自由自觉的消费活动的可能性。早在进入雇佣劳动体系之前，丧失生产资料的广大劳动者为了谋生只能被迫和资本家签订了所谓的正义合同，而这意味着工人违心地接受了在付出最高限度的劳动之后只能获得最低限度的工资这一条款。当资本主义社会的生产过程正式启动后，工人阶级只能在资本家的严苛监督下忍

---

① 《马克思恩格斯全集》(第30卷)，人民出版社1995年版，第245页。

受超出身心极限的体力和脑力劳动，而且在完成任务后也只能换回勉强维持基本生存的劳动报酬。

要想在资本主义社会这种非正义的消费环境中逐步满足更高层次的消费需求，除了采纳马克思恩格斯所主张的暴力革命这一终极手段外，工人阶级所能付诸实施的行动方案只能是以损害身心健康为代价来慢慢地积累个人财富，以期在"遥远"的未来过上富足的消费生活。但不难推导的是，工人阶级在这一过程中将不可避免地遭遇到进退两难的困境：一方面，他们试图通过尽可能地控制个人消费支出把节省下来的工资积蓄起来，以便在日积月累的基础上逐步增强自身的消费实力。然而，工人本来能够拿到手的工资就只够维持基本生存，在这种情况下还要节衣缩食只会进一步损伤身心健康，如果因此而失业的话反倒导致增加积蓄的愿望彻底落空。另一方面，他们竭尽全力在生产消费过程中通过额外加班的方式多换回一些工资，以此来慢慢地积攒个人财富。然而，他们本来担负的劳动就已经远远超过身体所能承受的极限，在这种情况下还要自我提升劳动强度不仅会导致身体健康出问题，还会因主动"帮助"资本家提高劳动生产率带来劳动力价格的降低，反而导致增加收入的设想成为泡影。显而易见，工人无论采取什么"开源节流"的方法都无法改善自身所遭受的非正义消费困境，他们在资本的操纵下已经陷入生产得越多越贫穷、消费得越少越窘迫的异化状态。

值得分辨的是，工人阶级的消费困境在资本主义经济"繁荣"期会在客观上得到一定程度的缓解，但这并不代表这一问题在根本上得到解决。随着资本主义社会劳动生产率的提高，市场上堆满了如海水般汹涌而来的各类产品，然而作为社会消费主力军的劳苦大众因消费能力不足而无法消化规模如此庞大的待售商品，较为明显的滞销现象随即就会出现。这在客观上敦促资本家要从整体上提高工人工资以便扩大他们的支付能力和消费范围，从而暂时性地因理顺生产和消费之间的互动关系而促进了经济的阶段性"繁荣"。不可否认的是，工人阶级在这一发展过程中切实感受到自身的消费水平得到了一些提升，但马克思还是语重心长地提醒道："因此，看起来，资本主义生产包含着各种和善意或恶意无关的条件，这些条件只不过让工人阶级暂时享受一下相对的繁荣，而这种繁荣往往只是危机风暴的预兆。"①也就是说，资本主义社会的阶段性繁荣并不能改变无序扩大生产和有限消费需求之间的根本性矛盾，这一时期所达成的生产与消费之间的良性循环关系从长远来看还是缺乏可持续发展的前景。原因就在于，资本主义社会的经济"繁荣"期自然也就意味着市场上流动循环的资本总量达到了阶段性顶峰，资本家在这些海量的逐利资本的驱动下首先想到的就是进一步扩大再生产规模，借此更快更多地实现资本增殖。相比较而言，资本家哪怕是在这种个人财富"蒸蒸日上"的时期对于工人经济收入的提升也是极为"吝啬"的。对他们来说，显著提高劳动者的工资待遇势必会"严重"影响到资本的牟利空间，因此只会象征性地给工人增加一些工资，这就导致工人的消费能力虽然在短期内有所增强，但从长远来看还是无法匹配高速增长的生产规模。随着社会劳动生产率的逐步提高，商品生产规模越来越大，很快就会超出广大劳动者因工资增加而些许增强的消费需求，以生产过剩为标志的经济危机将再次爆发，工人阶级稍微有所提升的消费质量也因大面积失业而"一落千丈"。一言以蔽之，工人阶级在资本主义社会经济"繁荣"期所实现的个人消费水平升级只是短期幻象，一旦生产和消费之间的平衡关系被失控的资本所打破，劳苦大众的消费活动也会再次陷入困境。

综上所述，资本主义社会中的工人阶级在生产和消费过程中都被异化为丧失自身独立性以及应有权益的被压榨者，他们在资本主义生产方式下所被迫承担的"角色"就如马克思所说："但是更仔细地来看，事实上生产工人的真正定义是：他是这样的人，对他的需要和要求仅限于使他能够为资本家带来最大程度的利益"。② 也就是说，在资本深度操控社会生产过程之前，广大劳动者在本质上属于通过自由自觉的生产劳动处理自身与外部自然界关系的活动主体，他们可以凭借自身劳动能力换取与之相匹配的应得收益。然而在资本主义社会中，劳动者的主体性却丧失殆尽，劳苦大众在社会生产、分配和消费过程中的存在方式被资产阶级所定性，被异化成为实现资本增殖而服务的"工具人"。展开来看，丧失生

---

① 《马克思恩格斯全集》(第45卷)，人民出版社2003年版，第457页。
② 《马克思恩格斯全集》(第30卷)，人民出版社1995年版，第232页。

产资料的劳动者为了谋生只能转变为加入雇佣劳动体系的生产工人，而且只能无条件地接受异化劳动的生产模式；不难发现，化身为工人阶级的自由劳动者在财富分配过程中没有任何话语权，只能"眼睁睁"地看着自己所创造的剩余价值被资本家所无偿剥夺，以至于在忍受长时间的繁重劳作后也只能换回极其微薄的劳动报酬；就这样，通过在工厂里终日劳作才能勉强谋生的劳动者在随后的消费过程中也没有任何自主性可言，他们所有的消费行为在实质上都属于依靠维持基本生存的个人消费来为从事生产消费做好前期准备的异化活动。进一步说，资本主义社会中的生产工人只是被资本家用来榨取最大剩余价值的廉价"工具人"，资本家通过对他们的消费活动进行严苛控制来追求资本的无限增殖。资本家一方面在生产消费中无视工人阶级的生理界限和人类的道德底线，想方设法地拉长工作日或增加劳动强度，从而大幅度提升劳动生产率并制造出大量劳动产品，最后通过兑现商品的交换价值赚取丰厚利润；另一方面，资本家还将支付给工人的工资控制在仅能购买维持个人再生产的生活资料的最低限度上，这就导致这种个人消费的质量低至已经完全丧失了消费的本真功能。就这样，资本主义社会中的工人阶级在生产消费和个人消费过程中被彻底异化。

第三节　资本主义社会的阶级关系在消费中被异化

在一个以实现所有个体的公平正义生活为最高目标的社会形态中，人与人之间顺理成章地就能形成建立在平等互助基础上的和谐关系。在这种理想型的社会发展环境中，全体民众作为生产资料的共同拥有者自然能在通力合作的基础上积极主动地共同从事社会化大生产，他们的生产积极性空前高涨并因此创造出充裕的社会财富。接下来，全体民众在消费过程中依据按劳分配原则共同享有由自己所创造的物质和精神财富，人与人之间逐步建立起相互促进个性自由发展的社会关系。与此相对立的是，资本主义社会在经济发展过程中违背了这种以正义为导向的社会发展模式。资产阶级通过操控社会生产、分配和消费过程肆意剥削和压榨广大劳动者，其中尤为恶劣的是，他们借助非正义的消费模式迫使工人阶级处于日夜操劳但依旧生活困顿的异化状态中。资本家不仅在生产消费过程中拥有以低廉工资换回任意耗费工人劳动能力的权力，而且在个人消费过程中在自身"极尽奢华"的同时却让工人挣扎在温饱线上。就这样，随着广大劳动者所创造的社会财富越来越多，资产阶级和工人阶级之间反倒出现了越发明显的全方位差距，"从而加深工人和高踞于他们之上的人们之间的经济、社会和政治的鸿沟"①。换而言之，资产阶级这一食利者阶层在攫取绝大部分社会财富的基础上奠定了自身在社会经济关系中的绝对掌控地位，并借此谋得在政治关系中的统治权以及文化关系中的话语权，他们所掌控的这些特权必定导致人与人之间正常的社会交往关系被深度异化。

一、工人与资本家之间的经济关系在消费中被异化

广大劳动者是资本主义社会海量社会财富的主要创造者，自然也是资本主义生产方式得以维系和发展的根本前提。然而，工人阶级并未凭借自身在经济领域的卓越贡献而在消费过程中得到公平正义地对待，反倒是在最大限度上被资产阶级剥夺了自己所创造的财富，以至于造成了一种资本家越发富裕、工人却越发贫困的异化经济关系，马克思为此指出："实际上，工人的个人消费对他自己来说是非生产的，因为这种消费仅仅是再生产贫困的个人；而对资本家和国家来说是生产的，因为它生产了创造他人财富的力量。"②工人的个人消费在形式上确实属于劳动者使用劳动报酬满足自身各种消费需求的活动，但他们因收入拮据导致所能用来消费的全部预算实在太低，以至于这种消费活动在实质上只能起到一种再生出参与生产消费的劳动力的保障功能。进一步说，这种个人消费所恢复和保存下来的劳动能力只能为资本家持续制造可供攫取的剩余价值。生产消费过程中所制造的产品越多，资本家所能占据的财富就越多，而工人自身就越穷，最终导致两者之间的贫富差距日益明显。显而易见，工人阶级在资本主义社会中的个人消

---

①　《马克思恩格斯全集》(第 34 卷)，人民出版社 2008 年版，第 645 页。
②　《马克思恩格斯全集》(第 44 卷)，人民出版社 2001 年版，第 661 页。

费模式呈现出无法掩饰的非正义性。对于创造出海量社会财富的广大劳动者而言，他们的经济收入居然低至只能满足维持基本生存状态的低层次消费需求，而对于"坐享其成"的资本家来说，工人所承受的这种非正义个人消费活动却意味着可以为他们再生产出实现新一轮资本积累的劳动能力。

　　资本主义社会的非正义消费模式在"造就"资产阶级"腰缠万贯"以及享受奢靡生活的同时，却彻底贬损和异化了工人阶级在生产消费和个人消费过程中的原定"角色"和应有待遇。换而言之，工人在生产消费过程中的终日劳作只是给资本家创造了大量可以转化为丰厚利润的劳动产品，但自己只能拿到被资本家"精心"计算过的最低工资。这些所谓的劳动报酬不仅严重拉低了个人消费的水平，而且使其在功能上沦为维系新一轮生产消费的特定手段。对于广大劳动者所遭受的这种非正义消费困境，马克思愤慨地批判道："但这并不比这样的事实更奇怪：归根到底，一切生产劳动者，第一，提供支付非生产劳动者的资金，第二，提供产品，让不从事任何劳动的人消费。"①展开来说，资本主义社会呈现出一种令人"匪夷所思"的非正义消费现象，即工人阶级在资产阶级所主控的生产消费过程中竭尽全力地完成超出生理极限的生产劳动任务后，却给自己带来了以下两种难以承受的结果：一方面，工人在生产消费中所创造的劳动产品不归自己所有，它们尚未诞生就已经被置身于生产劳动之外的资本家在事实上提前占有，随后又被转化为"促进"资本家发家致富以及满足高消费生活的资金；另一方面，工人在个人消费过程中基本上买不起自己所生产的劳动产品，他们的工资收入根本承担不起稍显丰富的消费生活，那些琳琅满目的商品大多只供"腰缠万贯"的资本家所任意消费。换而言之，在资本主义社会的非正义消费模式下，工人阶级作为生产者所创造的财富反倒被资产阶级这样的非生产者所占有，而自己除了换回一些少得可怜的工资之外一无所获。再者，工人阶级作为生产者所提供的大量劳动产品反倒被非生产者阶层所享有，而自己却只能从中获得维持基本生存的消费品，并且还因完成兑换商品交换价值的消费行为持续增加资本家的财富。

----

　　①　《马克思恩格斯全集》（第33卷），人民出版社2004年版，第222页。

劳动者本可以凭借自身的劳动能力在为社会创造物质和精神财富的同时换回所应得的足量劳动报酬，并运用这些合法合理的经济收入展开满足美好生活的各层级消费需求。然而，资本主义社会中工人阶级的劳动能力被非正义的生产消费方式所严重异化，以至于沦为服务于食利者阶层的"致富"工具，就如马克思所说："劳动能力不仅生产了他人的财富和自身的贫穷，而且还生产了这种作为自我发生关系的财富同作为贫穷的劳动能力之间的关系，而财富在消费这种贫穷时则会获得新的生命力并重新增殖。"①被资本所操控的劳动能力不再是一种展现劳动主体个性生命力的自主活动，也不可能为劳动主体带来足以支撑自身丰富消费需求的经济回报，反倒是变成摧毁劳动主体自身生存和发展空间的异化力量。在资本主义社会的非正义消费模式中，丧失生产资料的广大劳动者为了谋生只能向资本家出卖自身的劳动能力，具体表现为在生产消费过程中被施以超出生理和道德极限的繁重体力劳动，以及只能获得被资本家压到最低限度的劳动报酬来维系后续的个人消费。在这种经济情境中，被过度耗费劳动能力的劳动者虽然借助社会化大生产创造出越来越多的劳动产品，但这些包含着剩余价值的商品只是给资本家带来源源不断的财富，劳动者本人反倒因此陷入更为深重的贫困境遇中。不仅如此，这种被异化的劳动能力还沦为资本持续更新升级的增殖工具，也就是被迫和拥有强大再生财富力量的资本"绑定"在一起。展开来说，作为非生产阶层的资本家实际上根本没有自我造富的能力，他们只不过是利用非正义的分配方式将工人所创造的绝大部分财富据为己有而已。而当资本家掌握了大量财富之后，他们也就相应拥有了持续购买并消费贫穷的劳动能力的资本，他们会毫无顾虑地在非正义的生产和分配过程中将这种劳动力消费权用到极致，以便在最大限度地压榨劳动力的基础上攫取更多财富，并在实现财富持续增殖的同时固化工人的持续贫困。就这样，资产阶级和无产阶级之间的经济差距越拉越大，并在事实上造成作为生产者的劳动者们越发贫穷，而作为非生产者的资本家们却越发富有的贫富悬殊现象。毫无疑问，在经济领域占据绝对优势的资产阶级自然能够牢牢把控着

---

① 《马克思恩格斯全集》(第 30 卷)，人民出版社 1995 年版，第 444 页。

整个社会的生产、分配和消费过程，而依靠工资勉强存活的工人阶级则只能处于被支配的附属地位，人与人之间的互惠互利型经济关系在资本主义消费模式中被异化为有产阶级压榨无产阶级的非正义关系。

二、工人与资本家之间的政治关系在消费中被异化

自文艺复兴和启蒙运动以来，"人人平等"一直是人类社会的终极追求目标之一。而资本主义国家则自我标榜已经在社会政治生活中全面实现了这一诉求，并宣称其政治体制下的每一个个体都平等地享有独立自主的社会地位而绝不会依附于他人。然而，资本主义国家中的这种所谓"政治平等"关系不过是一种意识形态上的夸大宣传，这种只能在理论上完成逻辑论证的政治关系实际上早就被现实生活中不平等的经济关系所异化，资本主义非正义生产方式下的"人人平等"归根结底只是为了削弱劳苦大众抗争意识而精心"研制"出来的"安慰剂"。

如前所述，资本主义社会中人与人的经济关系在资本的操控下已经被深度异化，相对贫困的工人阶级为了谋生只能沦为"腰缠万贯"的资本家的经济附庸，而这种在经济地位上的贫富悬殊事实又怎么可能诞生出双方在政治地位上的平等关系。不难推导，资本主义社会中工人与资本家两极分化的经济地位决定了他们在政治权利上也必定是不平等的，正如马克思所说："在生产过程本身中，第一，由于发生了资本家对劳动能力的消费，因而是在资本家的监督和管理之下进行这种消费，所以统治和从属的关系发展起来了。"①资本家凭借雄厚的资金实力在劳动力市场上成为强势需求方，而丧失生产资料的劳动者则属于只有依靠出卖劳动力才能维持生存的弱势供给方，双方在这种情况下所签订的合同只会"写满"完全偏向于资本家权益的各项条款。在资本主义生产过程开启后，虽然资本家通过签订合同的方式获得了对工人劳动力的掌控权，但也只能在有限时间内消费这种特殊商品的使用价值。为了尽可能地突破这一客观上的限制，他们总是以合同规定为名迫使工人完成各项超出身体极限的体力或脑力劳动。这具体表现在，为了在

---

① 《马克思恩格斯全集》(第37卷)，人民出版社2019年版，第285页。

生产过程中全面压制广大劳动者以便在工作日内压榨出最高限度的剩余价值，资本家会极其严苛地监督和管理工人的生产劳动，而不允许出现任何试图休息放松的行为，马克思为此辛辣地讽刺道，在资本家看来，"如果工人利用他的可供支配的时间来为自己做事，那他就是偷窃了资本家"①。显而易见，在资本家的认知世界中，他们从来不会为剥削和压榨工人而感到羞愧，反倒"洋洋自得"地宣称是他们所支付的工资才养活了工人及其家人。因此，他们所谓的自洽逻辑是，即便是完成工作任务所需要承受的劳动时间和劳动强度已经残酷到破坏了人道主义底线，工人也务必要按照"血汗工厂"里的所谓工作规定"心无旁骛"地从事生产劳动，否则就是"不配"得到他们所拿到手的工资。在这种完全无视劳动者主体贡献和客观需求的生产环境中，工人作为劳动产品的唯一创造者却没有任何劳动自主权和生产决策权，只能按照资本家的严苛要求完成生产劳动任务，以至于彻底变成为实现资本增殖而服务的"工具人"，并在实质上"造就"了资本家和工人之间的统治和从属关系。

进一步说，工人阶级在生产消费和个人消费中被资本所操控的事实使得他们不可能享有和资本家同等的政治权利，也就是因经济上的绝对弱势而处于被统治地位，就如马克思所揭露的那样："因此，对于工人来说，他的劳动的生产性成了他人的权力。"②工人通过消耗自身劳动力源源不断地生产出大量可供出售的商品，却只能从中获得少得可怜的工资，他们所创造的剩余价值被资本家无偿占有并被转化为可用于支配劳动力的资本。也就是说，资本家反过来用工人所创造的财富来购买劳动力的使用价值，并由此获得在生产消费中支配劳动者的权力，从而掌控劳动者的劳动时间、劳动条件和劳动收入等。就这样，资本家依靠在经济领域中对于工人的全面压制"获取"了自身在政治上的统治地位，双方之间这种不平等的政治地位实质上是资本主义非正义消费模式在社会政治关系上的外化表现，马克思基于政治经济学理论对工人与资本家的这种异化政治关系作了深刻剖

① 《马克思恩格斯全集》(第 44 卷)，人民出版社 2001 年版，第 270 页。
② 《马克思恩格斯全集》(第 30 卷)，人民出版社 1995 年版，第 266 页。

析："如果说这种统治和从属关系的产生代替了奴隶制、农奴制、臣仆制、家长制的从属关系，那么所发生的只是形式上的转化。……或者，生产过程中的统治和从属关系代替了生产过程中的从前的独立性……统治和从属关系本身是实行资本主义生产方式的产物。"①众所周知，资产阶级自诞生以来一直自诩为维护人类社会政治秩序的"自由使者"，并宣称正是资本主义社会将劳苦大众从封建主义制度的束缚之下"解放"出来。然而，在马克思看来，这种所谓的解放其实存在着明显的限度，资本主义社会中在政治和经济等层面真正得到充分解放的其实只是资产阶级。史实证明，借助以资本原始积累为代表的一系列运动，资产阶级不仅击溃了腐朽没落的封建主义残余势力，而且乘机将绝大部分生产资料"收入囊中"。就这样，在资本主义生产方式正式确立后，资产阶级自然而然地获得了在社会经济和政治领域的绝对掌控地位，而丧失生产资料的广大劳动者虽然在名义上摆脱了过往臣仆制和家长制的人身桎梏，却又在实际中沦为依靠出卖自身劳动力为生的被统治阶级。在这种号称人人平等的资本主义社会中，貌似享有各项政治权利的广大劳动者在经济上连原来仅存的一点劳动自主性和独立性也彻底失去，进而只能完全依附于资产阶级。不难看出，资本主义社会中的普罗大众所获得的自由、平等、正义等所谓政治权利完全是"虚浮"的，其在逻辑上无法回应一个问题，即在经济上全面丧失独立自主性的阶级是如何在政治上获得平等权利的。再者，资本主义社会中的阶层差异现状也证实，工人阶级在生产消费和个人消费的具体展开过程中完全被资产阶级所管制，他们在生产和消费过程之外的政治关系也会因此而被异化。就这样，资产阶级已然成为通过制定决策来操控国家发展进程的统治阶级，而工人阶级如果不联合起来与之奋勇抗争的话，就只能在政治关系中沦为默默忍受非正义处境的被统治对象。

三、工人与资本家之间的文化关系在消费中被异化

资本主义国家凭借工人阶级的辛勤劳作"前所未有"地创造出海量的社会财

---

① 《马克思恩格斯全集》(第 37 卷)，人民出版社 2019 年版，第 285~286 页。

富，这本来为全体民众开展丰富多彩的文化生活奠定了坚实的物质基础。在其中，作为社会先进生产力和生产关系的亲历者和推动者，工人阶级不仅应该在文化领域中创造出大批高质量的作品，而且也应该从高雅的文化活动中得到身心上的充分休憩。然而，作为社会全部价值主要贡献者的工人阶级却在分配过程中遭受了不公正的待遇，他们所创造的财富几乎都被资本家所"无情"掠夺，自己却只能得到一些仅够维持基本生存的劳动报酬。就这样，资本主义社会的非正义消费模式在过度消耗工人劳动力之后却让他们挣扎在"养家糊口"的低层次消费困境中，广大劳动者又怎么可能有多余的时间和精力来从事反映时代问题以及民众需求的文化创造工作，以至于整个文化领域都被资本家所掌控和享用。

人与人之间本该建立在共同创造和共同享有基础上的文化关系在资本主义社会的非正义消费模式中被彻底异化，早已实现财富自由的资产阶级过上了物质和精神双重富足的生活，并且牢牢地把控着社会文化的主流发展走向，而终日为生计而奔波的无产阶级则只能绝缘于丰富的文化休闲生活。造成这种反差局面的根本原因在于，劳苦大众在资本主义社会非正义生产和分配形式的压榨下已然丧失了创造以及享有高层次消费文化的能力。

工人阶级不但在生产消费的过程中过度耗费了自身的鲜活生命力，而且因为经济收入过低没办法展开稍显丰富的个人消费活动，这些都导致他们不可能有充裕的时间和精力在生产劳动之外构建自身在文化生活中的应有地位。面对阶级之间所存在的这种文化差异，马克思明确指出："在资本主义社会里，一个阶级享有自由时间，是由于群众的全部生活时间都转化为劳动时间了。"①展开来说，资本家所享受的高雅文化生活是建立在不事劳动和财富自由基础上的，而这种不劳而获的致富特权正是来自对劳苦大众的剥削和压榨，也就是以广大劳动者丧失在物质和精神层面的自由个性为代价的。如前所述，资产阶级凭借自身的雄厚资本以及占据生产资料的优势"打造"出通过购买劳动力来启动生产进程的雇佣劳动体系，不仅将自己定性为不事劳动的监督管理者，还通过一系列严苛的规定将工人

---

① 《马克思恩格斯全集》(第 44 卷)，人民出版社 2001 年版，第 605~606 页。

阶级长时间地"锁定"在生产流水线上，最终通过攫取剩余价值的方式赚得"盆满钵满"，从此过上自由自在的休闲生活。换而言之，正是由于工人阶级在异化劳动模式下的辛勤劳作，才让不劳而获的资产阶级获得了满足自身文化诉求的时间和条件，资本家在文化生活中越自由发展，工人则越发丧失发展个性的可能性。显然，工人阶级在生产消费和个人消费中被资本家所管控的事实使得他们随之丧失了文化上的创造力和话语权。资本家因享有大量的自由时间以及政治上的统治地位而精心构建各种观念文化建筑，并借此为自身利益作合法性辩护，他们所拥有的这种文化影响力在工人开展个人消费的过程中展现得一览无余。资本家凭借在文化关系中的主导地位向工人阶级兜售各种消费主义理念，甚至诱导他们通过信贷方式暂时获得扩大消费的能力，去满足那些本不必要的超前消费需求。工人阶级为此背上沉重的债务负担，这又会迫使他们进一步出卖和透支自己的劳动力，接受资本家给出的更为严苛的劳动要求，忍受更长的劳动时间和更高的劳动强度，以至于变成为资本家提供剩余价值的劳动"机器"而无法在文化领域中有所建树，只能被动地接受资本家的单向文化输出。

综上所述，工人阶级在资本主义生产方式之下的消费活动被彻底异化，不管是在生产消费，还是个人消费过程中，都不过是"一架为别人生产财富的机器"①，他们在"造就"资产阶级发财"神迹"的同时却只能处于相对贫困的生存困境中。追根溯源的话，造成资本主义社会阶层之间非正义消费关系的起始原因就在于：第一，资本家本人并不具备通过从事生产劳动创造社会财富的能力，他们所主导的生产过程并不是自身劳动能力的实践展开，而是通过购买他人的劳动能力来加以推进，这将自身本该承担的生产劳动转化为消费他人劳动能力的雇佣活动，马克思为此总结道，"生产过程同时就是资本家消费劳动力的过程"②。也就是说，资本家通过在市场上购买自由劳动力来开展劳动，而这一生产过程实质上就是资本家通过消费劳动力这种特殊商品来榨取最大程度上的剩余价值。工人阶

---

① 《马克思恩格斯文集》(第3卷)，人民出版社2009年版，第70页。
② 《马克思恩格斯全集》(第44卷)，人民出版社2001年版，第658页。

级在这种生产消费过程中被迫从事异化劳动，完全丧失了自身的自主性，并被剥夺了享用自己所创造财富的权利；第二，资本主义社会的分配关系建立在资产阶级凭借拥有生产资料的优势而享有的绝对雇主特权之上，就如马克思所说："这种分配关系，使社会上大多数人的消费缩小到只能在相当狭小的界限以内变动的最低限度。"①绝大部分民众在生产消费中所创造的财富都被资本家所攫取，他们所能得到的不过是用于购买基本生活资料的微薄工资，也就是只能维持最低限度的个人消费，根本不可能去追求实现美好生活的多层次需求。这种所谓的个人消费实质上不过是为了从事新一轮的异化劳动做好准备而已。一言以蔽之，工人阶级在资本主义社会中的消费活动为资产阶级的发财致富和休闲娱乐奠定了坚实的经济基础，却不能给自身的个性发展带来任何助力，以至于自身在社会经济、政治和文化关系中都被资产阶级所全面掌控和压制。

第四节　马克思恩格斯消费正义论的当代价值

资本主义社会中的工人阶级不管是在生产消费，还是在个人消费过程中，都处于被资本家奴役和异化的状态，这进一步加深了双方在社会各领域中的阶级鸿沟。资本主义社会中这种扭曲性的异化消费形式必然要被正常合理的消费活动所取代，而只有以马克思恩格斯消费正义论为指导的社会主义社会才能从根本上消除这种非正义的异化消费模式，恩格斯曾经为此作出过明确指示："在所有的人实行明智分工的条件下，不仅生产的东西可以满足全体社会成员丰裕的消费和造成充足的储备……而且还要把这一切从统治阶级的独占品变成全社会的共同财富并加以进一步发展。"②在马克思恩格斯看来，要想在社会主义社会的消费过程中重构"共享财富"逻辑，首要任务就是确立生产资料公有制的决定性地位。社会主义社会必须要通过公有制剥夺少数资本家左右社会生产和分配过程的非正义特

① 《马克思恩格斯全集》(第46卷)，人民出版社2003年版，第273页。
② 《马克思恩格斯文集》(第3卷)，人民出版社2009年版，第258页。

权，在此基础上确保全体民众成为生产资料的主人，从而为打造高效合理的消费模式奠定生产制度基础。社会主义生产方式下的生产消费可以充分展现劳动者的个性和自由，他们的生产劳动不再是资本操控之下的异化劳动，而是为包括自己在内的全体社会成员创造可共享财富的自主性活动。与此同时，社会主义生产方式能在最大程度上清除资本所致使的残酷剥削和压榨，广大劳动者合法享有"所劳即所得"的足量劳动报酬，这些经济收入足以用来满足更多种类、更高层级的消费需求，全体民众的个人消费活动将从维持基本生存跃升为追求美好生活。

当下，中国特色社会主义进入新时代，满足人民对美好生活的向往是我们党的奋斗目标，实现这一目标自然离不开对于全体民众消费现状的殷切关照。因此，当代中国还要引导和确保全体民众在生产消费过程中体验自己的人生价值，在个人消费过程中满足多层级需求。可以展望的是，随着社会主义社会生产力水平的不断提升，广大劳动者将获得越来越多的闲暇时间，而这些"自由时间，可以支配的时间，就是财富本身"①。到那时，全体民众能够在最低限度的社会必要劳动时间内就创造出大量财富，再用节省下来的自由时间发展个性需求，从而逐步实现高质量高层次的消费生活。为了将这一美好愿望变成真实生活，当代中国要以马克思恩格斯的消费正义论为指导，在依循"共享财富"逻辑的前提下确保消费在社会主义社会中成为满足人的自由而全面发展的主体性活动。

一、明确辨析消费活动在资本主义社会和社会主义社会中的本质区别

资本主义社会中的消费活动因受制于资本无限增殖的欲求而不可避免地发生异化，它只会服务于资产阶级的谋利需要而无视劳苦大众的真实需求，从而最终沦为被资本用来奴役劳动阶级的工具。显而易见，以资本增殖为主导逻辑的资本主义社会唯一关心的就是如何尽可能又快又多地实现剩余价值的积累和兑现，任何与这一意图有所抵触的社会经济活动都会被强力打压或刻意忽视。就生产消费

---

① 《马克思恩格斯全集》(第 35 卷)，人民出版社 2013 年版，第 230 页。

活动而言，资产阶级只会关注如何在最高限度上榨取广大劳动者所创造的剩余价值，他们压根不会在乎劳苦大众在生产劳动中所遭受的身心折磨。为了确保达成独占生产利润这一目标，资产阶级在确立资本主义生产方式的过程中作足了准备，就如马克思所说："所以，劳动产品和劳动本身的分离，客观劳动条件和主观劳动力的分离，是资本主义生产过程事实上的基础或起点。"①为了在生产消费过程中掌控劳动者及其劳动成果，资产阶级通过资本的原始积累将几乎所有的生产资料据为己有，并借此迫使丧失客观劳动条件的劳动者只能依靠向其出卖自身劳动力及其产品才能维持生存。就这样，在资本主义生产资料私有制下，工人阶级的生产劳动本身和其所创造出来的劳动产品是完全分离的。他们通过辛苦劳动所生产出来的产品，不管是生产资料还是消费资料，都不能用来满足自身的真正消费需求，却只能成为资本家用以交易从而实现资本增殖的商品；就个人消费活动而言，资产阶级只会关注如何在最高限度上压低劳动报酬来提升利润率，他们压根不在乎广大劳动者会不会因为收入过低而导致生活难以为继，马克思为此批判道："资本主义生产的基础始终是狭隘的，群众的消费，工人的消费，只限于必要生活资料。"②劳苦大众的个人消费只能停留在维持温饱的层面上，他们因在分配过程中被资本家所残酷掠夺而只拿到少得可怜的劳动报酬，这些微薄的工资只能用于购买那些维持基本生存的必备生活资料。

与资本主义社会非正义消费模式相对立的是，社会主义社会消费活动的根本目的是满足广大人民群众在追求美好生活过程中所产生的各类消费需求，从而在根本上清除了消费活动只服务于少数食利者的可能性，这就是资本主义社会和社会主义社会消费活动所存在的本质差别。进一步来讲，我们要在马克思恩格斯消费正义论的指导下透视资本主义异化消费的本质，并以此为鉴，避免在推进新时代中国特色社会主义的发展进程中遭受这种非正义消费模式的负面影响。当然，从制度设计层面来看，社会主义社会中的消费活动建立在生产资料公有制的基础

---

① 《马克思恩格斯全集》(第 44 卷)，人民出版社 2001 年版，第 658 页。
② 《马克思恩格斯全集》(第 38 卷)，人民出版社 2019 年版，第 207 页。

上，这就从源头上去除了少数特权阶级霸占绝大部分生产资料的可能性，从而确保生产资料归全体劳动者共同所有和支配。广大劳动者所从事的生产劳动和生产资料直接结合在一起，他们还在生产过程中自然而然地形成了相互平等的、互助互利的合作关系，这也决定了他们所创造出来的物质财富必然会按照公平正义的原则进行分配。简而言之，社会主义社会生产和消费的目的都是在最大限度地满足人民群众的物质文化和美好生活需求，这也是我们构建新时代中国特色社会主义消费观的逻辑起点。

二、构建新时代中国特色社会主义消费观

在资本主义社会的非正义消费思潮中，占据主流趋势的是资产阶级所精心打造的异化消费观，消费这一原本正常合理的主体活动已经被扭曲成一种为了实现资本增殖而诱使他人不顾自身实际经济实力来追求超前享受的盲目冲动。对于这种错误的消费观，马克思明确批判道："每个人都指望使别人产生某种新的需要，以便迫使他作出新的牺牲，以便使他处于一种新的依赖地位并且诱使他追求一种新的享受，从而陷入一种新的经济破产。"①从人口占比上看，拥有强劲消费实力的资产阶级在资本主义社会中自然是属于少数群体，即便他们整天过着"纸醉金迷"的生活，也无法"成功"地消化掉市场上因生产过剩而早已堆积如山的过量商品。因此，谋求兑现产品交换价值的资产阶级必定要把消化滞销商品的希望寄托在人数众多的广大劳动者身上，但劳苦大众因工资收入过低而无力完成如此"沉重"的消费"任务"。面对消费与生产的相互脱节现象，资本家仍然"舍不得"通过增加工人工资来提升广大劳动者的消费实力，反倒是试图诱导劳苦大众逐步"养成"远远超出自身实际经济能力的超前消费观，以便刺激他们持续产生购买市场上多余商品的冲动。显而易见，在资本主义社会的非正义消费模式中，资本增殖逻辑驱使下的消费活动早已逾越了消费者真实且有效的需求，以至于被异化成一种和主体相对立的非理性行为。在这种非正义的消费环境中，劳动人民的消费活

---

① 《马克思恩格斯文集》(第1卷)，人民出版社2009年版，第223页。

动早已沦为资本的增殖手段，这一变化不仅会导致异化消费的产生，还会造成社会财富的普遍浪费。值得注意的是，当代资本主义国家为了在纵深方向上拓展资本增殖的渠道，它们不但在本国市场上进一步榨取工人阶级的剩余价值，还打着"市场世界化"的旗号向广大发展中国家传播错误的消费主义观念，诱导他国人民认同所谓的新潮消费方式以便倾销因生产过剩而滞销的大量商品，以至于在世界范围内掀起过度消费、超前消费和奢侈消费的不良风气。

为了应对这种错误消费观在全球范围内所造成的冲击，当代中国要以马克思恩格斯消费正义论为指导，构建符合新时代中国特色的社会主义消费观，加强对全体民众消费观的正确引导。马克思恩格斯一直坚信，广大劳动者的真实消费需求只有在社会主义社会中才能得到充分展现，而且也只有在社会主义社会中才会得到合理引导和恰当满足。因此，当代中国要在满足全体民众合理消费需求的前提下，旗帜鲜明地倡导绿色低碳且循环发展的正义型消费模式，正如习近平所说："要加大宣传引导力度，大力弘扬中华民族勤俭节约的优秀传统，大力宣传节约光荣、浪费可耻的思想观念，努力使厉行节约、反对浪费在全社会蔚然成风。"①也就是说，为了避免西方消费主义思潮的负面影响，我们要把马克思恩格斯的消费正义论与中华优秀文化相结合，在此基础上积极构建新时代中国特色社会主义消费观，逐步引导社会中的每一个个体都能形成正确、健康和理性的消费观，并倡导全体民众形成勤俭节约和文明健康的消费模式。此外，我们要清醒地认识到，尽管当代中国国内生产总值长期稳居世界第二，但发展不平衡不充分依然是当前生产力水平提升过程中所面临的突出问题，我国处于并将长期处于社会主义初级阶段是必须要牢记的基本国情。因此，广大人民群众的消费需求也要从实际出发和从理性出发，一定要适应我国当前的生产力水平发展现状，避免在消费主义错误思潮的诱导下盲目追求不切实际的高消费生活。全体民众都要坚持践行简约适度、绿色低碳的生活方式，避免在生活中出现奢侈浪费和不合理消费的行为。

---

① 习近平：《治国理政》第 1 卷，外文出版社 2014 年版，第 363 页。

三、促进社会主义社会生产与消费之间的良性循环

以实现资本增殖为核心目标的资本主义社会必然会造成生产与消费之间的相互脱节乃至严重对立。资本家们为了持续增加个人财富总是想方设法地不断扩大生产规模，就这样不可遏制地向市场上输送了远远超出有效消费需求的待售商品，终将不可避免地导致商品滞销乃至生产过剩现象的出现，马克思在分析这一危机时明确指出："一切现实的危机的最后原因，总是群众的贫穷和他们的消费受到限制，而与此相对比的是，资本主义生产竭力发展生产力，好像只有社会的绝对的消费能力才是生产力发展的界限。"①如前所述，"腰缠万贯"的资本家并不是资本主义社会中的消费主力军，他们充其量只是奢侈品的主要光顾者。要想达成消费与生产之间的良性循环，最为关键的因素就是让占人口绝大多数的无产阶级具备相对强劲的消费实力。然而，这一前提条件在资本主义社会中是不可能达到的，掌握分配霸权的资本家只会在持续积累个人财富的同时将工人桎梏在相对贫困的情境中，严重缺乏消费实力的劳苦大众只好将消费范围限制在维持基本生存需求的限度内。就这样，资本主义生产方式下的消费因沦为资本增殖工具而被破坏殆尽，它和生产之间的关系也不可避免地陷入恶性循环的困境。

社会主义社会能够有效避免资本主义社会中生产与消费完全脱节的危机，其中的关键原因就在于：社会主义公有制确保生产资料归全体劳动者所有，建立在这一生产关系基础上的社会生产将满足劳动者的物质文化消费需求当作根本目的，而不是无节制地追逐资本增殖，这就在源头上恢复了生产与消费的统一性。广大劳动者在生产劳动中和生产资料直接结合在一起，能够积极主动地为社会创造财富，完全避免了在生产消费中被异化的可能。社会在拥有大量物质财富后，每位劳动者都可以依据按劳分配原则按自身所贡献的劳动量获得相匹配的劳动报酬。就这样，全体民众的劳动收入因为彻底去除了食利者阶层的盘剥而相对丰

① 《马克思恩格斯全集》(第46卷)，人民出版社2003年版，第548页。

厚，可以在很大程度上满足对于美好生活的各级各层需求。

进一步说，马克思恩格斯的消费正义论充分论证了这一点，即社会主义生产方式下的生产与消费之间存在着互动发展、相互促进的关系。当代中国已经在新时代中国特色社会主义的伟大实践中将这种辩证关系落到实处，既通过社会主义市场经济体制的制度优势不断提升生产力发展水平，从而创造出数量充裕、质量优良的物质生活资料，充分满足了人民群众多层次、多方位的消费需求，又确保消费者在新时代中国特色社会主义消费观的引领下，积极展开各类健康合理的消费活动，反过来进一步推动生产力的高速发展。正是在这种生产和消费实现良性互动的经济发展背景下，当代中国全体民众的消费活动对于经济发展的基础性拉动作用日益明显，内需的繁荣不仅有力地促进了经济的稳步增长，而且对于促进产业结构调整也发挥着重要作用。我们要在实现中华民族伟大复兴的历史进程中依托制度优势充分发挥消费的引领作用，确保社会再生产各个环节的良性循环，进一步完善产业结构和产品结构，以便更好地满足广大人民群众的消费需求。此外，我国经济已由高速增长阶段转向高质量发展阶段，还要"着力推进高质量发展，推动构建新发展格局，实施供给侧结构性改革，制定一系列具有全局性意义的区域重大战略"①，积极调整和优化滞后于现实消费需求的产业结构，实现市场供给和消费需求的动态平衡，满足全体民众在物质生活和精神生活中出现的各类需求，不断促进正义性消费模式在现实社会生活中的普及。

四、从制度层面保障广大劳动者的合法权益

把谋求资本增殖当作毕生使命的资产阶级必定只能和工人阶级终生处于不可调和的矛盾冲突中，因为前者的逐利目标只有通过在最大限度上破坏后者的合法权益才能实现。为此，资本家总是毫无顾忌地采用各种非正义手段来剥夺广大劳动者本该在社会生产、分配和消费过程中所享有的各项权利。面对资产阶级这种

---

① 参见习近平：《高举中国特色社会主义伟大旗帜　为全面建设社会主义现代化国家而团结奋斗——在中国共产党第二十次全国代表大会上的报告》，载《人民日报》2022 年 10 月 26 日。

背离公平正义精神的做法，马克思不无讽刺地指出："为了要成为资本家商品的一个合理的消费者，工人首先——但是蛊惑者阻止他这样做！——就要让他的资本家用不合理的、有损健康的方法消费他的劳动力。"①显然，作为资本人格化范畴的资本家对于广大劳动者的态度一直是极为矛盾和纠结的。资产阶级要想实现资本增殖，就必须在现实生活中发掘出和生产规模相匹配的足量消费需求，而理论上能够完成这种消费任务的群体只能是人民大众，为此，资本家迫切希望每一个劳动者都能展现出强劲的消费实力，从而快速地将海量待售商品兑换成可以增殖的货币资本。然而，劳苦大众根本就不具备资本家所期望的这种消费实力，本质原因就在于他们在社会财富的分配过程中本该享有的各项经济权益已经被剥夺殆尽，以至于早就丧失了大规模开展多层次消费活动的经济能力。

与资本主义社会所不同的是，未被资本所左右的社会主义社会能够在马克思恩格斯消费正义论的指导下，充分完善劳动和收入保障制度，从制度层面保障广大劳动者在生产和分配过程中的根本权益。社会主义生产方式下的工人阶级从事着自由自觉的主体性劳动，在生产消费和个人消费过程中都可以充分实现自己的主体性和能动性。当前，我国处于新时代下的历史发展新阶段，广大劳动者的主体性地位得到进一步增强，他们的劳动积极性和劳动热情处于空前高涨的状态中，从而迸发出强大的生产动力。再者，广大劳动者在创造出充裕的社会财富后，也能在分配过程中得到应有的足量报酬，这些收入足以支撑他们开展多层次的合理消费活动。但毋庸讳言的是，当代中国因受到社会生产力发展水平的制约，在现实生产和分配过程中也存在着一些急需解决的局部问题。为此，我们还需要进一步发展完善劳动和收入保障制度，尽快建立一个多层次的、覆盖城乡居民的社会保障制度，就如习近平所强调的那样："努力提高居民收入在国民收入分配中的比重，提高劳动报酬在初次分配中的比重。坚持多劳多得，鼓励勤劳致富，促进机会公平，增加低收入者收入，扩大中等收入群体。完善按要素分配政策制度，探索多种渠道增加中低收入群众要素收入，多渠道增加城乡居民财产性

① 《马克思恩格斯全集》（第45卷），人民出版社2003年版，第581页。

收入。加大税收、社会保障、转移支付等的调节力度。"①也就是说，政府、工会和企业要共同关心和爱护广大劳动群众，切实维护广大劳动群众合法权益，帮助他们解决在生产和分配过程中遇到的各种难题。当代中国只有尽快搭建覆盖城乡的社会保障体系，不断完善劳动法规和收入保障相关政策，促进社会财富的合理分配，才能在根本上解决广大人民群众积极主动实施各类消费活动的经济掣肘，从而有利于大众形成良好的消费预期，不断扩大内需，打造国内生产总值持续发展和人均消费水平稳步提升的双赢局面。

五、充分完善促进消费的体制机制

广大人民群众的总体收入状况是决定他们消费水平的关键要素，而稳步攀升的收入水平则是开展高质量消费的基本前提。资本主义生产方式下的消费活动之所以被异化，一个很重要的原因就在于资本家为了在最大程度上攫取利润而丝毫不肯"让利于"工人，导致后者的工资收入水平过低而无力完成稍显丰富的消费活动，马克思为此批判道："劳动力价值的最低限度或最小限度，是劳动力的承担者即人每天得不到就不能更新他的生命过程的那个商品量的价值，也就是维持身体所必不可少的生活资料的价值。"②也就是说，为了在最大程度上攫取超额剩余价值，资本家们想方设法地将工人的劳动收入压低到只能买得起维持劳动力再生所需生活资料的温饱线上。不难想象，如果不是担心工人因缺钱购买生活必需品而无法再生出参加生产消费的劳动能力，资本家必定是连最低限度的工资也不愿支付，让工人维持可供持续剥削和压榨的生命力是其不敢轻易突破的底线。然而，一旦社会生产力水平因科技发展而在客观上得到进一步提升，尤其是那些专门制造生活必需品的特定生产部门就此而提高了劳动生产率，这就会相应地降低了投入市场上的这部分生活资料的交换价值。当这种情况出现

---

① 习近平：《高举中国特色社会主义伟大旗帜　为全面建设社会主义现代化国家而团结奋斗——在中国共产党第二十次全国代表大会上的报告》，2022-10-16，人民出版社 2022 年版。

② 《马克思恩格斯全集》（第 44 卷），人民出版社 2001 年版，第 201 页。

时，即便是广大劳动者的工资收入本来已经低至只能勉强维持基本生存，资本家还是会设法来突破最低工资限度。他们会乘机减少自己必须要支出的可变成本，也就是进一步降低工人本来就已经少得可怜的工资，继续将他们禁锢在非正义的异化消费困境中。

当代中国要在马克思恩格斯消费正义论的指导下进一步完善促进消费的体制机制，逐步提升人民群众的消费水平，满足民众对美好生活的各类消费需求。与资本主义社会所根本不同的是，中国特色社会主义市场经济体制下采取的是生产资料公有制和按劳分配方式，这就可以有效排除那些掌握资本的食利者阶层凭借对生产资料的占有权而侵吞他人劳动果实的可能性，从而切实推动全体民众追求共享社会财富的伟大目标。事实证明，当代中国自改革开放以来，广大人民群众的工资收入逐年提高，消费质量也随之有了明显提升，消费结构也在持续优化升级中。当代中国在接下来的发展进程中还要注意通过经济体制的改革和创新，实施更加积极的就业政策，创造更多就业岗位，努力扩大就业，普遍提升广大劳动者的收入水平，让他们切实满足自身的各类消费需求，逐步实现自由而全面的个性发展。需要注意的是，当代中国还处于社会主义初级阶段，生产力发展水平还不够高度发达，不可能在当下就完全满足全体民众的所有消费需求，因此还要积极关注消费过程中出现的一些非对抗性问题。为此，当代中国要继续依据马克思恩格斯的消费正义逻辑，充分完善促进消费的体制机制，积极消除生产消费过程中所暴露的各种妨碍生产劳动的不利因素。与此同时，当代中国还要在调动全体劳动者生产积极性的基础上大力发展生产力，不断提高全体民众的收入水平，逐步满足全体民众的个人消费需求，充分展现社会主义正义消费模式所带来的美好生活。

结　　语

作为实现美好生活的重要象征，正义这一理念自诞生以来就一直是人类社会所追求的终极目标之一，它激励人世间的普罗大众为了拥有这项权利而不懈抗争，并引领整个世界逐步走向光明的未来。然而，纯粹的正义理念在运用于现实生活时却遭遇到诸多"冲击"，尤其是在西方资本主义社会中，这一自启蒙运动以来就已经深入人心的人文理念却无法观照广大民众的现实苦难，似乎只能"成为"一种停留在世人美好想象中的"虚浮"口号。面对正义理念在现实生活中所呈现的这种鲜明反差，资本主义社会中的"精英人士"要么避之不谈，要么只是热衷于在理论层面展开毫无建树的抽象论辩，这些做法显然无法回应大众所关切的核心问题，即正义理念是否真正具有济世救民的实践意义？心系劳苦大众的"有识之士"们纷纷开始反思这一时代之问，马克思恩格斯则在这一过程中作出了"哥白尼革命式"的卓越贡献，他们基于政治经济学语境下的正义解读彻底颠覆了前人仅仅"滞留"在政治层面的"刻板"理解。

马克思曾经在《论犹太人问题》一文中探讨过"政治的解放"与"人的解放"的本质区别，他犀利地指出："政治解放的限度一开始就表现在：即使人还没有真正摆脱某种限制，国家也可以摆脱这种限制，即使人还不是自由人，国家也可以成为自由国家。"①在马克思看来，资产阶级所推崇的各项政治理念带有历史局限性和虚伪性。"人的解放"首先就是因摆脱经济生活压力而带来的自由个性释放，尚未建立在"人的解放"基础之上的"政治的解放"必定存在着明显的限度，后者

---

① 《马克思恩格斯文集》(第 1 卷)，人民出版社 2009 年版，第 28 页。

只能局限于抽象理念的形式化构建，却不能催化出应得权利的真正落实。不难推导，从事具体实践活动的个人只有置身于正义性的社会生产方式之中才会享有真正的正义生活，否则只能"眼睁睁"地看着正义理念沦为虚无缥缈的口号。正是在这层意义上，马克思恩格斯成功地将正义这一抽象理念"从天上拉回人间"，他们从未拒斥过正义这一原则，他们所反对的只是一味地脱离现实经济生活去空谈抽象的政治原则。正义这一理念在马克思恩格斯正义论的语境中不再是空中楼阁式的抽象概念，也不再是只为少数统治阶级利益而辩护的观念上层建筑，而是个体在解决了具体生活困境后所享有的真实权利。

资本主义国家一直将"奉行"正义用作标榜本国"政通人和"的重要显据，却在社会生产、分配和消费的展开过程中不可避免地背离了正义精神。资本主义生产方式的确立就是建立在劳动者与劳动条件彻底分离的这一非正义前提上，占据生产资料的资产阶级在生产过程中采用了各种有违正义的手段剥削和压榨广大劳动者，就此"造就"了"前所未有"的海量社会财富，并在随后的非正义分配过程中无偿攫取了由工人阶级所创造的全部剩余价值，却丝毫不顾及劳苦大众在低收入条件下如何忍受"捉襟见肘"的非正义消费生活。进而言之，尚未解决经济生活正义的广大民众又怎么可能享有真正的正义生活，他们所得到的只会是各种抽象且空洞的"虚浮"权利。与此形成鲜明对比的是，社会主义国家能够在马克思恩格斯正义论的指导下从制度层面奠定正义性的生产方式，从而通过生产资料公有制彻底恢复劳动者与劳动条件的紧密相连。拥有生产资料的广大劳动者可以在生产过程中从事自由自觉的主体活动，相互之间还能自然而然地形成平等互助的生产合作关系，进而迸发出强劲的生产动力并可持续性地创造出充裕的社会财富。社会主义国家在完成生产之后的正义性分配过程中按照个体的实际劳动贡献量给予足额的工资回报，确保他们能够展开正义性的消费生活。显而易见，只有这些实现了经济正义目标的广大民众才能谈得上进一步展开政治正义的落地执行。众所周知，当代中国已经进入推进中华民族伟大复兴战略全局的关键阶段，急需解决因不平衡不充分的发展所带来的各种局部性问题，以期满足人民群众追求平等、公平和正义等美好生活的需求。深入研究马克思恩格斯正义论及其在当代中国语境中的现实价值则具有重大的理论和实践意义，我们要以马克思恩格斯正义论为指导来构建新时代中国特色社会主义正义观，在"扎实推进共同富裕"的伟大进程中引导全体民众过上美好的正义生活！

参 考 文 献

一、马克思主义著作

[1]《马克思恩格斯全集》，人民出版社 2006 年版。

[2]《马克思恩格斯文集》(第 1~10 卷)，人民出版社 2009 年版。

[3]《马克思恩格斯选集》(第 1~4 卷)，人民出版社 2012 年版。

[4]《邓小平文选》(第 1~3 卷)，人民出版社 2014 年版。

[5]《习近平谈治国理政》(第 1~4 卷)，外文出版社 2022 年版。

二、相关著作

[1][美] 艾伦·布坎南：《马克思与正义》，林进平译，人民出版社 2013 年版。

[2][美] R. G. 佩弗：《马克思主义、道德与社会正义》，吕梁山等译，高等教育出版社 2010 年版。

[3][英] 史蒂文·卢卡斯：《马克思主义与道德》，袁聚录译，高等教育出版社 2009 年版。

[4][加] 凯·尼尔森：《马克思主义与道德观念》，李义天译，人民出版社 2014 年版。

[5][匈] 阿格妮丝·赫勒：《超越正义》，文长春译，黑龙江大学出版社 2011 年版。

[6][美] 罗尔斯：《正义论》，何怀宏、何包钢译，中国社会科学出版社 1988 年版。

［7］［美］罗尔斯：《政治自由主义》，万俊人译，译林出版社 2000 年版。

［8］［美］罗尔斯：《作为公平的正义——正义新论》，姚大志译，三联书店 2002 年版。

［9］［英］G. A. 柯恩：《拯救正义与平等》，陈伟译，复旦大学出版社 2014 年版。

［10］［英］阿拉斯戴尔·麦金太尔：《谁之正义？何种合理性？》，万俊人等译，当代中国出版社 1996 年版。

［11］安启念：《马克思恩格斯伦理思想研究》，武汉大学出版社 2010 年版。

［12］余文烈：《分析学派的马克思主义》，重庆出版社 1993 年版。

［13］李惠斌、李义天：《马克思与正义理论》，中国人民大学出版社 2010 年版。

［14］龚群：《追问正义——西方政治伦理思想研究》，北京大学出版社 2017 年版。

［15］韩水法：《正义的视野》，商务印书馆 2009 年版。

［16］蒋志红、黄其洪：《马克思批判性正义观研究》，人民出版社 2016 年版。

［17］邓晓臻：《马克思的正义思想探究》，中国社会科学出版社 2015 年版。

［18］曹玉涛：《分析马克思主义的正义论研究》，人民出版社 2010 年版。

［19］张兆民：《马克思分配正义思想研究》，中国社会科学出版社 2016 年版。

［20］赵海洋：《马克思正义思想研究》，上海人民出版社 2016 年版。

［21］林进平：《马克思的"正义"解读》，社会科学文献出版社 2009 年版。

［22］胡真圣：《两种正义观：马克思、罗尔斯正义思想比论》，中国社会科学出版社 2004 年版。

［23］何建华：《分配正义论》，人民出版社 2007 年版。

［24］姚大志：《何为正义：当代西方政治哲学研究》，人民出版社 2007 年版。

［25］段忠桥：《理性的反思与正义的追求》，黑龙江大学出版社 2007 年版。

［26］汪琼枝：《当代中国社会主义正义观研究》，中国文史出版社 2010 年版。

［27］王广：《正义之后——马克思恩格斯正义观研究》，江苏人民出版社 2010 年版。

［28］陈传胜：《马克思恩格斯的公平正义观研究》，合肥工业大学出版社 2011 年版。

［29］彭富明：《马克思恩格斯正义批判理论研究》，中央编译出版社 2013 年版。

［30］吴忠民：《社会公正论》，山东人民出版社 2004 年版。

［31］何怀宏：《公平的正义：解读罗尔斯正义论》，山东人民出版社 2002 年版。

［32］Cohen，Marshall，eds.，*Marx*，*Justice and History*，Princeton，Princeton University Press，1980.

［33］Peffer，R，G，*Marxism*，*Morality*，*and Social Justice*，Princeton University Press，1990.

三、相关论文

［1］宋建丽、贺东游：《马克思正义批判理论的逻辑演进及当代价值》，载《厦门大学学报(哲学社会科学版)》2023 年第 5 期。

［2］李佃来、马灿林：《全面把握马克思正义观需廓清的三个问题》，载《山东社会科学》2023 年第 8 期。

［3］陈飞：《在政治经济学批判与自由主义政治哲学之间——重思罗尔斯对马克思正义理论的解读》，载《现代哲学》2023 年第 3 期。

［4］梁燕晓：《劳动所有权与"马克思正义悖论"问题》，载《北京行政学院学报》2023 年第 3 期。

［5］尹才祥、韩璞庚：《马克思正义观的视角转换及当代启示》，载《江西社会科学》2023 年第 3 期。

［6］颜岩：《正义的批判与超越——评赫勒对马克思正义理论的解读》，载《山东社会科学》2023 年第 3 期。

［7］杨通进：《罗尔斯对马克思正义思想的阐释及其时代价值》，载《道德与文明》2022 年第 5 期。

［8］张全胜、袁祖社：《也谈马克思"正义的共同体"——兼析西方正义论的局限性》，载《理论探索》2022 年第 5 期。

［9］杜利娜、刘同舫：《论分析马克思主义对马克思正义观的误读性重构》，载《国外社会科学》2022 年第 2 期。

[10] 魏传光：《政治经济学批判视域中的马克思正义思想》，载《当代世界与社会主义》2022 年第 1 期。

[11] 李旸：《历史唯物主义视域下的正义观念——兼评艾伦·伍德对马克思正义思想的根本性误解》，载《国外理论动态》2021 年第 6 期。

[12] 张红霞、葛连山：《驳艾伦·布坎南对马克思正义观的误读》，载《北京行政学院学报》2021 年第 6 期。

[13] 童萍：《整体性视阈中的马克思正义观述论》，载《东南学术》2021 年第 4 期。

[14] 曾东、王天成：《"互依性社会关系"与"具体的正义"——对马克思正义观实质的进一步反思》，载《南京社会科学》2021 年第 6 期。

[15] 魏传光：《从生产逻辑到资本逻辑：马克思正义思想的双重透视》，载《哲学动态》2021 年第 3 期。

[16] 朱丹、何云峰：《马克思正义概念的两种规定与时代解读——以"劳动幸福"为理论进路》，载《宁夏社会科学》2021 年第 2 期。

[17] 毕腾亚、韩升：《追寻个体与共同体的和谐共生——马克思正义理念的价值旨归》，载《思想教育研究》2021 年第 2 期。

[18] 葛宇宁、白刚：《构建人类命运共同体：马克思正义观的当代实践》，载《青海社会科学》2020 年第 6 期。

[19] 廖小明：《马克思正义思想的理论旨趣与实践指向》，载《思想战线》2020 年第 5 期。

[20] 孔扬：《马克思正义思想的当代意蕴》，载《学习与实践》2020 年第 9 期。

[21] 魏传光：《马克思正义思想的历史唯物主义转向——以市民社会为核心的考察》，载《哲学研究》2020 年第 5 期。

[22] 童萍：《两种正义：〈资本论〉语境中的马克思正义观探析》，载《北京行政学院学报》2020 年第 3 期。

[23] 董艺：《马克思正义思想及当代启示》，载《云南社会科学》2020 年第 2 期。

[24] 罗克全、王洋洋：《对所谓"马克思正义悖论"的理论辨正》，载《理论探索》

2020 年第 1 期。

[25] 臧峰宇、朱梅：《关于马克思正义论研究的认知测绘》，载《哲学动态》2019
年第 12 期。

[26] 魏小萍：《马克思正义观的涵义发展路径及其当代性》，载《理论视野》2019
年第 11 期。

[27] 魏传光：《论马克思正义理论内部结构的跨越融合》，载《理论探索》2019 年
第 4 期。

[28] 穆随心：《劳动法"倾斜保护原则"正义价值探寻——以马克思正义理论为
视阈》，载《文史哲》2019 年第 3 期。

[29] 臧峰宇：《马克思正义论的实践逻辑》，载《哲学研究》2019 年第 2 期。

[30] 吴鹏：《论马克思正义理论的黑格尔渊源》，载《内蒙古社会科学(汉文版)》
2019 年第 1 期。

[31] 高广旭：《"伦理正义"的解释力——马克思正义观研究的思想背景和可能
视角》，载《道德与文明》2018 年第 6 期。

[32] 舒前毅：《〈共产党宣言〉：理解马克思正义思想的最佳入口》，载《江西社
会科学》2018 年第 10 期。

[33] 邹广文、杨雨濛：《马克思正义思想对构建人类命运共同体的启示》，载
《山东社会科学》2018 年第 3 期。

[34] 李义天：《认真对待"塔克-伍德命题"——论马克思正义概念的双重结构》，
载《中国人民大学学报》2018 年第 1 期。

[35] 张颖聪：《马克思正义观研究的前提澄明》，载《江海学刊》2018 年第 1 期。

[36] 由田：《马克思的共产主义非法权正义观——兼评艾伦·布坎南对马克思正
义思想的误解》，载《道德与文明》2017 年第 6 期。

[37] 冯颜利：《基于生产方式批判的马克思正义思想》，载《中国社会科学》2017
年第 9 期。

[38] 张文喜：《语言视角：马克思正义观与古希腊正义观的哲学分析》，载《社
会科学辑刊》2017 年第 5 期。

［39］邵晓光、白双翎：《基于马克思正义理论的罗尔斯正义观评析》，载《理论探讨》2017 年第 5 期。

［40］吴鹏、韩志伟：《超越分配正义：马克思正义理论研究的前提批判》，载《天津社会科学》2017 年第 4 期。

［41］程镝：《非法权的"外在批判"——布坎南对马克思正义概念的解读》，载《学习与探索》2017 年第 7 期。

［42］赵志勇、霍灵美：《马克思正义观概念的合法性问题——对当代正义理论研究前提的反省》，载《教学与研究》2017 年第 6 期。

［43］张颖聪：《从抽象到历史：马克思正义思想的嬗变》，载《江汉论坛》2017 年第 5 期。

［44］毛勒堂：《劳动正义：马克思正义的思想内核和价值旨趣》，载《毛泽东邓小平理论研究》2017 年第 3 期。

［45］赵云伟：《从劳动到正义：马克思正义思想的逻辑演进》，载《毛泽东邓小平理论研究》2017 年第 3 期。

［46］蓝春娣、林辉：《论多维度的马克思正义思想》，载《江西师范大学学报(哲学社会科学版)》2016 年第 6 期。

［47］罗艳丽：《马克思正义观的实践属性》，载《山东社会科学》2016 年第 11 期。

［48］陈飞：《在个人与社会之间——西方政治哲学传统中的马克思正义理论》，载《贵州社会科学》2016 年第 11 期。

［49］文学平：《论马克思正义观的二重性与现时代的任务》，载《学术界》2016 年第 9 期。

［50］程镝：《艾伦·布坎南对马克思"正义"概念的重构——基于布坎南-伍德正义问题争论的分析》，载《理论探讨》2016 年第 4 期。

［51］陈雷：《资本主义是否正义：激进左派求解马克思正义观》，载《浙江社会科学》2016 年第 3 期。

［52］高云涌：《马克思正义概念的哲学审视》，载《吉林大学社会科学学报》2016 年第 2 期。

［53］赵海洋：《马克思正义思想的逻辑结构》，载《毛泽东邓小平理论研究》2015
年第 10 期。

［54］李佃来：《历史唯物主义与马克思正义观的三个转向》，载《南京大学学报
（哲学·人文科学·社会科学）》2015 年第 5 期。

［55］王玉鹏：《政治经济学批判语境中的马克思正义观阐释》，载《马克思主义
与现实》2015 年第 5 期。

［56］常宴会：《马克思正义观研究的回顾与前瞻》，载《理论月刊》2015 年第 8
期。

［57］李佃来：《〈资本论〉的叙事结构与马克思正义思想》，载《华中师范大学学
报（人文社会科学版）》2015 年第 4 期。

［58］臧峰宇：《马克思正义论研究的两种进路及其中国语境》，载《中国人民大
学学报》2015 年第 3 期。

［59］杨宏伟：《论马克思正义观的转向与重建》，载《教学与研究》2015 年第 5
期。

［60］袁立国：《生产方式的正义：马克思正义论的存在论视野》，载《社会科学
辑刊》2015 年第 3 期。

［61］葛宇宁：《马克思正义理论的伦理特质》，载《理论探索》2015 年第 3 期。

［62］赵伟：《解开历史与理想的"戈尔迪之结"——马克思正义思想的双重维度
及当代启示》，载《科学社会主义》2015 年第 2 期。

［63］王新生：《马克思正义理论的独特框架》，载《南开学报（哲学社会科学版）》
2015 年第 2 期。

［64］林进平：《论马克思正义观的阐释方式》，载《中国人民大学学报》2015 年第
1 期。

［65］陈飞：《现实与超越：马克思正义理论的辩证结构》，载《道德与文明》2015
年第 1 期。

［66］王艳华、朱思阳：《马克思正义观的复合结构——对分析学派马克思主义正
义观论争的前提批判》，载《学习与探索》2014 年第 11 期。

[67] 曾琰：《马克思正义理论的三维向度及其启示》，载《理论探索》2014 年第 6 期。

[68] 李佃来：《考论马克思正义思想的当代意义》，载《吉林大学社会科学学报》2014 年第 4 期。

[69] 刘永安：《西方马克思主义道德论者对马克思正义观解读的异同及启示》，载《理论探索》2014 年第 4 期。

[70] 袁祖社：《"正义"对"制度"的介入与规制——马克思正义观的实践难题》，载《北京大学学报（哲学社会科学版）》2014 年第 3 期。

[71] 王晓升：《共同体中的个人自由和自我实现——马克思正义理论的新理解》，载《道德与文明》2014 年第 3 期。

[72] 王新生：《马克思正义理论的四重辩护》，载《中国社会科学》2014 年第 4 期。

[73] 李佃来：《马克思正义思想的三重意蕴》，载《中国社会科学》2014 年第 3 期。

[74] 段忠桥：《马克思正义观的三个根本性问题》，载《马克思主义与现实》2013 年第 5 期。

[75] 王倩：《马克思正义观解析》，载《社会主义研究》2013 年第 4 期。

[76] 柳平生：《马克思正义理论的主题、维度及诉求》，载《马克思主义研究》2013 年第 7 期。

[77] 尹玮煜：《马克思正义观的基本特色》，载《思想教育研究》2013 年第 5 期。

[78] 邹琨、邓淑华：《论马克思正义理论的内在张力》，载《社会科学研究》2013 年第 3 期。

[79] 李佃来：《论马克思正义观的特质》，载《中国人民大学学报》2013 年第 1 期。

[80] 颜岩：《超越正义何以可能——阿格妮丝·赫勒对马克思正义理论的误读》，载《学术月刊》2012 年第 6 期。

[81] 叶泽雄、舒前毅：《论〈德意志意识形态〉在马克思正义观形成中的作用》，

载《社会主义研究》2012 年第 2 期。

[82] 张伟、牟世晶：《马克思正义理论的立论基础：立足于"平等"的自由》，载《社会主义研究》2012 年第 1 期。

[83] 傅强：《平等、正义与历史唯物主义——凯·尼尔森对马克思正义观的阐释》，载《理论探讨》2008 年第 6 期。

[84] 赵甲明、王代月：《马克思正义理论的两个维度及其政治哲学特征》，载《马克思主义与现实》2008 年第 5 期。

[85] 曹玉涛：《分析马克思主义的正义论述评》，载《哲学动态》2008 年第 4 期。

[86] 涂良川、胡海波：《论马克思交换正义的人本内涵》，载《社会科学论坛》2008 年第 11 期。

[87] 倪勇：《马克思主义正义观及其当代走向》，载《武汉大学学报（人文科学版）》2007 年第 4 期。

[88] 何建华：《马克思的公平正义观与社会主义实践》，载《浙江社会科学》2007 年第 6 期。

[89] 王广：《恩格斯对杜林平等、正义观的批判及其当代启示》，载《毛泽东邓小平理论研究》2006 年第 11 期。

[90] 侯惠勤：《马克思主义公平观的实践意义》，载《马克思主义研究》2005 年第 4 期。

[91] 林进平、徐俊忠：《历史唯物主义视野中的正义观——兼谈马克思何以拒斥、批判正义》，载《学术研究》2005 年第 7 期。

[92] 胡真圣：《马克思正义难题的现代回应》，载《马克思主义与现实》2003 年第 3 期。

[93] 段忠桥：《马克思和恩格斯的公平观》，载《哲学研究》2000 年第 8 期。

[94] 陈勇：《论公平与效率的辩证的历史的统一》，载《哲学研究》1993 年第 10 期。

[95] 洪镰德：《马克思正义观析评》，载《北京大学学报》1991 年第 1 期。

[96] Nielsen, Kai, and Steven C. Patten, eds., Marx and Morality, *CJP*,

Supplementary, Vol. 7, 1981.

[97] Wood, A. W, "Marx on Right and Justice: A Reply to Husami", *PPA*, Vol. 8, No. 3, 1979.

[98] Wood, A. W, "The Marxian Critique of Justice", *PPA*, Vol. 1, No. 3, 1972.

后　记

　　本书是我主持的上海市哲学社会科学规划中青班专项课题"马克思正义理论及其当代价值研究"的最终研究成果。本课题研究过程中还取得过一系列阶段性成果，有 3 篇论文发表在《北京社会科学》《理论视野》等核心期刊上。在本课题正式立项后，我以《马克思恩格斯全集》(中文版第一版、第二版)和《马克思恩格斯文集》为主要文本依据，同时还参考了国内外学者以马克思正义观为核心议题的相关研究成果，耗费数载光阴才得以成书，对于马克思恩格斯正义论的研究也成为个人学术生涯中的一段珍贵回忆。最后，特别感谢上海外国语大学马克思主义学院对本书出版的资助，我博士毕业后就来到上海外国语大学马克思主义学院工作，在这里我得到了领导和同事们的热心帮助和指导。再次感谢武汉大学出版社沈继侠老师严谨而细致的编辑工作，这才使得本书得以顺利出版。

宫维明

2024 年 7 月